給義大利的分手信

李亞｜文・攝影

La prossima fermata

給寫信給義大利的深情小女孩：

很抱歉！我不是義大利，可是我卻忍不住一封接著一封、搶先偷窺了所有妳寫給義大利的信，但請妳務必一定要原諒我的唐突與不禮貌，因為我早已苦戀義大利數十載，在這些年裡，我夜夜夢迴著記憶中她那狂野又溫柔、簡單又奢華、優雅又熱情的氣息，雖然我始終沒有機會能再次接近她，但她那像個家道中落卻又掩不住迷人貴族氣質的美麗少婦容貌，深深烙印在我的腦海中，無法抹去、也無法被取代……

我承認，在閱讀妳的信件時，我是痛苦的、我是嫉妒的。
我痛苦那年驚鴻一瞥後，再也沒能尋見如義大利這般讓我狂戀且難以忘懷的對象，閱讀妳信件的感覺像是在完全沒有心理準備下，街頭巧遇過往曾經分手、沒有緣分在一起的戀人，牽著另一雙手，幸福迎面而來的百感交集；我嫉妒妳的青春無懼、妳的自由、妳的勇敢，能跨越現實的阻隔與考驗，在義大利的懷抱中恣意狂放的享受她給予的種種細節，然後凝結成天真浪漫、自在簡單、不管是甜蜜抱怨還是隨意讚美的一字一句，縱然最終你亦僅是義大利的一個過客，但對我來說，這樣近距離與義大利相處的日子，仍是我始終無法達成的奢侈願望。

我也必須承認，在閱讀妳的信件時，我是快樂且滿足的。
我快樂透過妳的信件，看見了更多關於義大利的點點滴滴、更多關於義大利的無限想像，新世代年輕式的書信語彙與義大利特有的成熟典雅氣質，交錯產生某種難以言喻、有趣且感性的氛圍；並且那些個屬於留學生式的日常生活細細感受，在妳的信中，時而清楚寫實、時而可愛幻想的描述，讓人打從心底產生會心一笑的滿足。

小女孩呀～小女孩！雖然妳我素未謀面，我也不是妳親愛的義大利，但我卻因為妳的三十封信而深深悸動。我想，分手不是句點，而是開始，妳與義大利的緣分，在此刻之後，將會是更深、更深，或也可能是妳正揭開了另一段永難忘懷的嶄新故事喲！

願── 年輕的心，永遠擁有提起行囊遠颺的勇敢與自由

喜歡寫旅行手記的魚（趙于萱）敬上

Fish 2008'10'11

〈序〉

這條名爲台灣的鬼盜船

李亞

窗外下起滂沱大雨，一下子蓋過音樂，嘩啦啦的讓我不得不拿下耳機。才剛回到台灣一、兩天，這島嶼就如此殷切的提醒我她的豐沛。站起來伸個懶腰，瞧見鐵窗上有一隻蓬鬆嬌小的鳥影，一動也不動的在等待雨停。牠聳起了羽毛似乎有點冷，有點無奈。失魂落魄的樣子，好像牠是來自一塊遙遠的陸地，在大浪中的一艘船上稍作休息。狂風暴風雨中，一眼望去，茫茫大海讓牠進退兩難。

我曾經以為出國念書，會有漂泊之感，但事實卻完全相反。外頭的世界好安靜，一離開台灣，耳邊呼嘯的風聲便停止了，晃動搖擺的感覺也隨之消失，當我一腳踏上佛羅倫斯的石板地，那種厚實安定簡直讓我不知該如何是好。

好像是剛下船，沉重的水氣一下子散了去。

那時才發現，我們是如何對動盪不安習以為常，在喧囂和過多的資訊裡還可以處之泰然。我兩腿巍巍顫顫，捉著兩箱行李，四下張望，好像闖入了別人安居樂業的家園，企圖要掠奪什麼似的，情怯又內疚。第一天早上當我睜開眼睛，傳進耳裡的沒有工地的尖銳敲打，只有馬蹄噠噠，那是何等受寵若驚。有一度我相信，我可以在這個地方賴上一輩子。一個一天要喝五杯咖啡，每到週四就想罷工的，穩當當的陸地。

*

又一個晴朗無雲的夜晚，我坐在米

蘭『五月二十四日大門』附近的那個小教堂前，從運河區集中而來的米蘭年輕人、頭髮立得老高的龐克族，或坐或臥或翻著可笑的筋斗，抽著大麻，敲打非洲鼓，恣意玷汙著這神的領地。第三瓶別克啤酒握在手上，我頭靠著迴廊上的柱子，聆聽著這片嬉鬧。幾個手拿塑膠杯的霸王酒客在人群間繞進繞出，略帶強迫的向每個人索討一注酒精，這是他們免費買醉的伎倆，通常大家都會順他們的意，就此打發了。

『中國女孩，』喝霸王酒還不夠過癮，要是有外國來的女孩子可以調戲，那更是酗酒用的最佳小菜，『美麗的中國女

孩。』酒客拿著杯子在我鼻下晃來晃去，『我看妳也累了，剩下的都給我吧。』

『我不會講義大利語。』我用英文說道，這是我離開義大利前才學會的基本自保，要是讓無聊的義大利男子知道你會說義大利語，他便會乾脆一屁股坐下來要和你聊到天亮。至於他們老叫我中國女孩，我早就已經不在乎。

『沒關係，我會說英文。』霸王酒客馬上操起一口破爛英語，『來嘛，把妳的酒給我。』

我提起酒瓶朝他的杯子裡倒了一點。

『再多一點。』霸王酒客用食指在自己的杯子上量了個高度。

我瞪了他一眼，仰頭把剩下的啤酒喝光。

霸王酒客無賴但是不壞，他笑著走開了——我不過是一個黃皮膚的過客，沒什麼好計較的。

*

我站在講台上，手裡捏著小抄，用一隻手指播放簡報。一套作品發表的義大利文講詞準備了好久，卻好像一下子就說完了。我嚴重的口音和粗糙的用字，肯定不甚悅耳，但底下的教授和來賓仍竊語道：『這個idea還不錯。』心裡還是有點小得意，結束時還是響起小掌聲。

發表會後，在教室門口撞見強盧卡。他是個瘦小金髮又有些齙牙的拿坡里小子，心直口快，一見我便迸出：『妳的義大利文好糟糕，妳剛在台上說什麼我一句都聽不懂。』

萬般洩氣，我跑去找賈科莫。賈科莫是羅馬人，高闊，褐髮，小狗眼，大鬍子，一副十足友善的正派人士長相。

『噢，親愛的。』不知羅馬人是否都這樣，但賈科莫可以在連續的十句話裡，完全不重複使用他對女士的暱稱。

『賈科莫，』我劈頭便埋怨：『你剛才有聽我的發表嗎？』

『當然有啊，小洋蔥。』賈科莫充滿耐心和愛心的微笑著。

『那，你有聽懂嗎？』我兩眼汪汪的看著他。

『這個，』他搔了搔鬍腮子，『我來說不大公道呢，可口的小脆餅，因為我坐得很後面哩。』

賈科莫真是個好人，拐彎抹角就是不願傷我的心，我卻還不放過他：『可是強盧卡坐第一排，他說他一句都沒聽懂。』

『原來是這樣啊，寶藏。』賈科莫漸漸後退準備逃遁：『強盧卡是拿坡里人嘛。』

＊

班上有個巴西、法國加上阿根廷的混血小子，拿的是巴西美國雙護照。那天他哭喪著臉說，因為他都沒在巴西投

票，所以他的巴西國籍要被取消了。『我不想當美國人。』他幾近哽咽的說，一時之間，我居然相信這種國家認同混淆的痛苦，在座的只有我最了解。我安慰他，說起原住民、閩南人、日本殖民、國民政府和共產黨的故事，解釋為什麼台灣一直無法光明正大的被當作是一個國家，為什麼歷史斷層多到四不像，為什麼參加奧運的時候不能拿國旗。這混血小子竟然釋懷的破涕為笑了，『聽起來台灣是個鬼一樣的存在』，他是這樣形容的。畢竟，不管他得做法國人、巴西人、阿根廷人還是美國人，這些國家都不是鬼一樣的存在，他也不會是漂泊的荷蘭人。

畢業之後，混血小子和拿坡里的強盧卡合開了一個名為『white layer』的討論版（whitelayer.blogspot.com），企圖把已經各奔東西的同學們聚在一起，常常回來分享自己的新作品。之所以叫『white layer』，是一頁空白筆記，沒有設限，任何人只要有想表達的理念，都可以上來發表。網頁的主視覺是前一陣子被無聊人士染紅了的羅馬許願池，『這傢伙一定是有話要說』，底下這樣註解道。一開始每個人都興致勃勃，但不久之後，又統統專心回到自己的世界裡去了。

因為不管怎樣，我們這票同學，只佔據彼此生命裡短短的一年時光。那是一趟旅行，也僅是一趟旅行，而旅行總會結束的。不全是因為教授說外國人要靠自己在義大利找到實習簡直是不可能，也不是因為那天義大利警察在中國城動手打了那個中國孕婦；只是沒有任何種族不排外，也因此沒有人會不想家。

＊

此刻窗外雨還下不停。總會不住的懷疑，那無止境的雨水究竟是哪來的？以前有人說台灣是個聚寶盆，什麼東西放進去都會變多，多到滿出來，也許下雨也是這樣的吧。是我們的心太小，來自四面八方的宇宙資源太多，新的一直來，舊的一直去，一波又一波的沖洗、汰換，裝滿又流出、流出又裝滿；始終很撐，吃下了些什麼卻想不起來。但義大利人想得起來嗎？羅馬時代的輝煌與血腥，現在都只幻化成一個個腦滿腸肥、怪模怪樣的扮裝神鬼戰士，在破敗的圓形競技場前，騙觀光客的錢。時代的更迭是必然的吧，但為什麼好像只有台灣人會為尋不著扎根痕跡的文化失落而不斷煩悶？又或我們煩悶的是另一些事情，又或一切都只是因為吹過海風。

有時我會想念西西里的火車經過的那片荒野，我曾想像著可以躺在那片無際的麥梗上，待上一整天什麼都不做。旅行途中要是餓了，最好的選擇就是點一杯西西里咖啡冰沙配上小圓麵包，當地人都是這樣蘸著吃的。西西里點心店的糕餅總有一種和義大利其他省份都很不一樣的味道，我猜那正是因為吹過海風。

一定是海風的關係，海風會讓一切都變味了。海風會讓群聚著的感到孤寂，讓甜蜜的變得鹹澀，讓沉靜的掀起波濤。當海風吹過，呼呼的揪住你的頭髮，鋪蓋你的臉，颳鼓你的衣角，所有的細微的嚮往也就跟著搖擺了起來。也許我們該讓台灣升起風帆，從太平洋上漂開，當台灣人連個座標都失去時，是不是就會甘心為自己的渺小而感到卑微？

是不是，就可以理所當然的當起海盜，只顧掠奪，不屑擁有。我是這樣相信的，我們不是無法一脈相承，而是不想。因為我們是大海的子民，是流動的，晃蕩的。

中央山脈是折不斷的桅杆，在鵝鑾鼻那裡有座船艉燈，我們不會迷路的。不願

意過航海生活的，就離開了這艘船，去別的陸地上定居了。其餘的船員，除了短暫的旅行，最後都還是會回到船上來，繼續流浪，甘願沒有家，鬼一樣的存在著。

＊

在義大利的最後幾天，我搬去北邊的海港小城聖雷莫。

『一個人嗎？』在旅館辦入房手續時，櫃台小姐這樣問道。

我點點頭。

她拿著我的護照翻來翻去，『咦？我以為中國的護照是紅色的。』

『我不是中國來的，』兩年下來這句話不知已經重複了多少遍，『是台灣，台灣是一個小島，很靠近中國。』

『嗯。』櫃台小姐似懂非懂，動手填寫單子，『七天？』她抬起眼睛，『妳要在這裡住七天？聖雷莫沒有那麼多地方可以玩哦。』她微笑。

我不是來玩的，我想告訴她。我是一個累了的旅人，想要坐在海岸上，等待那條來接我的船從地平線那端冒出來，那條名為台灣的鬼盜船。

她有些同情的看著我，接著摸出兩粒蘋果，連同房間鑰匙一起遞來。『多吃水果，祝妳玩得愉快。』

在聖雷莫的第三天，我爬上城北的山嶺，眺望整個海灣，地中海平靜如絲綢，不見任何船的蹤影。也許，明天我該去法國尼斯的海岸線碰碰運氣。我下了山，買了前往尼斯的火車票。

快來接我吧，我的船，海風已經吹起，身為一個海盜的心又不安分了起來。

CONTENTS

CHAPTER 01 翡冷翠之冬——鵝黃色中義

CHAPTER 02 盛夏西西里——橄欖綠南義

CHAPTER 03
米蘭初春——灰藍色北義

〈開始〉

親愛的義大利：

不用害怕，我很快就要走了。我沒有要你為我改變任何事情，你可以繼續整天站在鏡子前面搔首弄姿，也可以好幾個月忘記打掃，但我不會忘記我們初次見面的情景。我在最冷的一月踏上翡冷翠，深深的吸了一口氣，有一點顫抖的，有一點腿軟的踏在高高低低的石頭路上，然後告訴自己接下來的日子會跟你相處得很好。

拖著兩箱沉重的行李，一顆裝滿期待的心，還有才剛學了兩個月的破爛義大利文，我一身狼狽，滿頭大汗的找到了語言學校分配的房子，與說著一口嚴重托斯卡尼腔的房東奶奶牛頭不對馬嘴的交涉之後，房門關上，夜幕低垂。我坐在會咔滋咔滋響的摺疊床上，看著滿地的行李，突然感到很迷惘，不禁問自己：『我在這裡做什麼？』

我實在太累了。你知道我來自一個叫作台灣的地方，有點遠，坐飛機要十六個小時。雖然你一直把台灣跟泰國搞混，可是我已經不怪你了。我承認我是有一度想要佔你的便宜，想要和你一直生活在一起，但既然你一直那麼害怕，怕我會偷你家的珠寶，擦你的香水，改變你床頭的方向，還會強迫你吃我加了肉骨茶的滷油豆腐；我想我還是走好了。反正你對我而言也有點太老了。

所以親愛的義大利，別擔心，我只是一個要再次遠行的客人，過站不停，在你家稍作歇息；想要聽聽你的故事，看看你的藏畫，學學你的廚藝，不會打擾太久的。因為每當我大搖大擺在你家裡閒晃，看見你用那陳舊又美麗的棕色眼眸憂心忡忡的盯著我瞧的時候，我就不忍久留了。我會快快把你家還給你的，不會帶走任何東西，除了我的回憶。你也要照顧自己，垃圾記得倒。我知道你家客人多，整理起來很累，但是如果你怕弄髒手，不做這些麻煩事，總有一天就不會有人想要來看你了。

最後我還要留三十封信給你作為紀念，因為我相信總有一天你會想起我，還會想起那個你曾經一直跟泰國搞混的，名為台灣的小島。

Pasticceria Tavola Calda
BAR

CHAPTER 01

翡冷翠之冬

鵝黃色中義

翡冷翠是一位擁有許多珍貴珠寶、骨董的老婦人；
總是穿上她最好的傳家行頭，盡力濃妝豔抹，
然後懶洋洋、漫不經心的以外國人的朝貢來度日。
她的家門口蹲著一隻耳朵筆直的德國狼犬，
陳舊的家具聚集了一股重重的霉味。

她半瞇著年邁的倦眼坐在木窗前，
太陽直直的曬在她不小心沾了脂粉的彩繪玻璃頭飾上，
跨了七個世紀的老舊木門上的銅環，
一到整點便在她胸前沉重的敲打。

當她說著幾句不同的簡單外國語言來討好朝貢者時，
她掉光了牙齒的嘴裡散發著藍起司的臭味，
成群的韓國人、美國人、巴西人，
在她厚重的皮草大衣上、在她橄欖綠的天鵝絨裙襬下，
尋找從她指間掉落的鑽石戒指和瑪瑙念珠，
日本人、英國人和墨西哥人則從她挑高的黑檀木書櫃裡竊取失傳的食譜。

外國人在她的家裡反客為主，吃飽喝足，
紛紛親吻她指甲泛灰的骯髒雙腳後便離開了。
留下名叫翡冷翠的老太太，坐在蒙上了厚厚塵灰的銅鏡前，
用鑲著祖母綠的純金髮簪，
小心翼翼的纏著她糾結乾澀的鶴髮，
等待著下一批垂涎她寶藏的外國人前來。

好吃的翡冷翠：

La prossima fermata

你令我最想念的三件東西除了大衛像之外，還有冰淇淋和牛肚三明治。雖然我剛到的時候你好像不怎麼歡迎我，大教堂不但馬上架起了維護鷹架，中央車站前面還在一夜之間打出了個深不可測的大洞。而且你那高低差有十五公分的石頭路，害我的膝蓋整整痛了一個月沒有辦法走樓梯。但即便是一拐一拐，每個星期我一定都要到聖安伯廣場和牛肚三明治的推車見面。一鍋用香料燉煮久時的牛肚，配上你們家傳統的圓麵包，沾浸橄欖油和湯汁，然後再撒上巴西里葉和辣椒粉，最後夾進入口即化的牛肚，天啊，真是人間極品。

每天早上我都在馬車踏過石頭路的叩叩聲中醒來，小心的穿過危機重重的中央車站去上語言課。下課之後，肌腸轆轆的我常會忍不住走到共和廣場後面一家名叫『為什麼

●義大利當地認真的街頭藝人真的不多，他們大多充其量只是擁有一把破樂器的流浪漢。第三次回到翡冷翠的那天，我終於看到了一『隻』專業的街頭藝人；牠的主人裝模作樣的拿了把吉他，但也沒見他彈兩下就去一旁打屁了。但牠卻很盡責，一動不動好幾小時，裝可憐的躺在牌子前，牌子上寫著：『我們好餓，救命，謝謝』。

不』的冰淇淋店，來一客超大筒的冰淇淋。通常我會點松露巧克力、榛果和焦糖奶油三種口味，店員都認識我，還會免費幫我加上阿爾卑斯山鮮奶油。但其實我最喜歡的冰淇淋是一家巧克力專賣店自製的胡椒巧克力口味冰淇淋，可是那家店離我住的地方比較遠，我薄弱的意志往往撐不到那裡就已經被『為什麼不』給吸進去了。

跟你相處的日子好像很安逸，每天腦袋裡想的都只有牛肚三明治和冰淇淋。但很快的我就知道這樣的日子不能過太久，否則我會跟你一樣毫無鬥志。這也是為什麼我決定要在春天來臨的時候就離開你，到你一直嗤之以鼻的米蘭去。不過在離開你之前，我還要再去貝里尼餐廳吃一個便宜又美味的沙拉米披薩，然後買一整盒的胡椒巧克力。也許還要再去看一眼你可靠的小情人大衛，只因他總是很忠誠的替你贏得每個人到達這裡的第一聲驚呼。

●櫥窗是義大利的另一類美麗風景，義大利人所有的虛榮和愛美，都隨著每季更換的新裝而起起伏伏。當然，不是打折季的時候，店內總是很冷清的，只有錢多花不完的短程旅客會被吸引進去消費。否則，就只能用眼睛做做『櫥窗血拚』，二十四小時不打烊。

●轉進開滿珠寶店的老橋，還沒意識到自己並不是個觀光客。雖然也是第一次來到義大利，但卻已經先簽下了八個月的賣身契。賣給翡冷翠，將來還要賣到別的城市去。我在義大利的兩年是流動的，沒辦法佔地為王，也不能反客為主，但希望最終義大利會接納我那不值錢的情感；當我再回去的時候，我會看見她不再皺著的眉頭，對我說：『妳回來看我啦？』

驕傲的翡冷翠：

既然才剛到不久我就決定要離開你，在僅剩的兩個月裡我盡量讓自己保持退休老人的心情，天天都要在日落時到亞諾河畔散散步。亞諾河邊沒有年輕人，只有會走路的老人，推著不會走路的老人在大雁的翅膀拍打聲中親密的竊竊私語。亞諾河東西橫向流過，我住在西北岸，向東南望去可以看到老橋、碧提宮，還有幾座我不知道名字的城堡。夕陽西下時，教堂和城堡的頂總是反射出刺眼的光芒，在我的相機鏡頭上打出一個個的十字架。

第一次走到河的對岸是為了要爬上位於半山腰的米開朗基羅廣場，上去那裡不是為了要看到尊比例有點怪怪，還被刻了好多『到此一遊』的綠色假大衛，而是聽說那裡有最好的視角，可以把你一覽無遺。爬上山沒有費多少力氣，但你那天陰陽怪氣，一眼看去又灰又濛，害我回去把照片修了好久。跟比薩比起來你真是彆扭多了，比薩雖然就是那座小不拉嘰的歪塔有名，可是那天他可是用萬里晴空來迎接我。後來有人說米開朗基羅廣場要晚上去才美麗，不過我一直都沒有機會再上去了。

翡冷翠，到底是怎麼樣的人會甘願一直住在你這裡？你鵝黃色的小房子，聖誕節後還沒收起來的星星狀燈飾，共和廣場上那座不怎麼派頭的旋轉木馬，窄窄彎彎的石頭路，還有烏菲滋美術館前那些不稱職的街頭藝人。你的氣候沒有傳說中的宜人，市容也不怎麼整齊乾淨，是什麼魅力讓在這裡長大的人們總是抬頭挺胸的說他們可是有著貴族血統的『翡冷緹娜』（翡冷翠人）？在搬去米蘭前我突然也想要學得一口托斯卡尼腔，好讓那些『米蘭內屑』（米蘭人）知道我是從翡冷翠來的。也許這就是你的魔法，即使那些雕像的臉都已經漸漸變得模糊不清，可是你曾經有過的光榮促使著成群的驕傲亡魂，固守在每個翡冷緹娜的背後，就算是衣衫襤褸，還是要把光環擦得光彩奪目。

●本來要洗衣服，但我的日本室友很厲害的佔用了洗衣機整整一夜又一天。下午回到家發現洗衣機居然還在噠噠作響，便坐在房間裡想著自己再不洗衣服就要面臨沒衛生衣可換的危機，然後看著義大利文筆記只想打瞌睡。於是我決定要像個正常的翡冷翠老人一樣，在日落的時候到亞諾河邊散步。河邊沒有觀光客，我拿著相機很老套的拍著河邊的午後風光。

看見河岸邊飛來一群過冬的大雁，排成整齊的一列，吱吱咕咕的聊得很起勁。想到離決定到米蘭的日子只剩下一個半月，翡冷翠突然變得可愛了起來。

神聖的翡冷翠：

不要再讓我看到更多的天使了。剛開始美術館和教堂總是令人振奮，但當所有的作品都是中世紀以前以宗教為主題的時候，我突然好想念現代藝術。我想要看玩弄色彩的抽象畫，就算是來場人文關懷的攝影展也好。但是我每天看到的都是教堂，教堂內的聖器展示櫃，還有教堂裡的死人墓穴。天使，聖人，教宗，基督，代表力量的男性肌理，聖母喪子的哀痛表情，還有血淋淋的十字架。只要走進教堂就是一股陰氣逼人，並沒有神光照頂的感覺。其中又以聖十字教堂最陰森，滿地都是地下墓穴的標記，分明就是要提醒我們每一步都是踩在屍骨上。

每一個教堂都有幾件引以為傲的聖器，但大都離不開是某某聖人身體上的一部分。有的是手指頭，有的是骨骸，還有血跡或者是遺物。總之教堂就是一個充滿死

亡氣息的地方，但也是中規中矩的翡冷翠年輕人最容易找到工作的場所。不是出家，而是古物修復。古物修復在我看來是翡冷翠人的鐵飯碗，因為你家總是有很多斷頭斷腦的天使還有根本就已經看不見的壁畫等著要被還原。每次踏進不同的教堂裡，除了陰風陣陣外，還有許多默默工作的身影爬在教堂的各個角落，磨搓磨搓的也不知道在搞什麼名堂。

聖者和詩人的土地，他們是這麼稱呼你的。想必不是一個可以激發靈感的地方。你知道設計師多少會需要一點糜爛的夜生活，不登大雅之堂的重金屬音樂，煙霧瀰漫的爵士酒吧，還有幾場玩票性質的戀愛。因為設計師都有點自虐，喜歡看到自己的血，而不是聖人的血。所以你不能怪大家都到米蘭去了，把你一個人孤零零的留給一群又一群的日本觀光客，誰叫你是神聖的翡冷翠呢？

義大利人是種虔誠的小動物，崇拜上帝、崇拜愛情、崇拜肉體，而且毫不衝突。待久了，漸漸開始覺得這個國家的空氣中總是瀰漫著荷爾蒙的味道。打開電視，不管是什麼類型的節目，都一定要有鋼管女郎，連新聞攝影機的鏡頭一有機會就停留在一對對呼之欲出的大胸脯上面；所有的女主持人臉上的表情和她們的肢體動作都會讓你有一個錯覺，就是她們下一刻就要扯開衣襟了。晚上十二點一過，所有電視台裡的女人便個個脫得一絲不掛，不是在相互噴水、在床上打滾，就是手持皮鞭。這時那些在廣場上大聲呼叫『我們的教宗啊！我們的教宗啊！』的人都在哪裡了呢？

Delicious Florenc

幽默的比薩：

你是一個令人充滿了驚喜的地方。首先出了車站，你指向比薩斜塔的指標就把人耍得團團轉。剛開始你要人往前走，然後你說要左轉，繞過了圓環之後，又說要再左轉，最後回到火車站的前面。就在我繞了第三圈的當兒，我遇到了另一群也在繞圈圈的人，他們問我比薩斜塔要往哪兒走，我看了看指標聳了聳肩。最後我們決定再也不要轉彎一直直直走。要找到比薩斜塔的第一個精神就是相信直覺，其實它一點也不遠；你也一點都不大。

比薩斜塔的第二個精神是要有幽默感。不只是因為它當初錯誤的重力計算讓它變成了風景名勝，而是它真的好小啊。小到會讓人噗哧一聲的笑出來。再說它讓人做出的種種行為也是另一層幽默，每個遊客都不計形象不怕落俗套的，要來拍一張推塔

●為什麼一定要推它呢？小小的比薩斜塔。不管是從哪國來的旅客，都這麼世界大同的通俗了起來。為了要拍出角度最完美的一張紀念，他們往往都必須維持這個姿勢非常久，因此偷拍別人推塔，比自己去推塔好玩多了。我就是這麼不光明正大的東方人啊。

OPA

照，真是看得我癡笑連連，心情也舒暢了起來。來到義大利才一個月多，已經漸漸熟悉了環境，卻還是充滿了好奇心。像是交往了一個月的情侶，習慣了彼此的相處模式，不再小心翼翼，只感到無限甜蜜。現在回想起來那應該是我們關係最好的一段時間吧，每天都覺得義大利好美啊，我好幸福啊。那天到你家去看小斜塔正是我的幸福感上升到飽和的時刻，和義大利初遇的種種畫面在藍藍的天和斜斜的塔下面天旋地轉，維納斯和大衛拉著我的手在花神的園圃裡跳舞。

迷你的比薩，有誰會想到美好的關係總是會結束的呢？後來我到米蘭念書，住在灰灰的街道上濛濛的天空下，每天心裡想的都是什麼時候要離開你們。我想也許該是我再去旅行的時候了。相信義大利還有很多像你一樣可愛的城市等著我去探險，規模不是重點，精神最重要。

翡冷翠的大衛：

我實在忍不住要寫一封專門給你的信，好讓我自己記住，是什麼樣的魅力讓小氣的我一再花很貴的門票進去看你，直到覺得再去就會太難為情。在拜訪翡冷翠之前我讀過一些你的故事，說你如何露宿在廣場上，直到一群無聊青年毀了你的腳趾還是你的手臂，你才被搬進學院美術館。終於來到翡冷翠之後，我在米開朗基羅廣場上看過你的複製品，想著原來大衛難道也不過爾爾，只是大師刀下另一具富有盛名的胴體嗎？

第一次去買門票進美術館就是為了要看你本人，我們的隨身物品要過像海關一樣的X光輸送帶，參觀者還要走過金屬探測門。那時候我還不知道義大利大部分的美術館都是這樣，還覺得你獨享保安關卡，果然不同凡響。進入館內先看到的是米開朗基羅一系列的未完成作品，在長廊裡哨兵似的站成兩列，但這些受難般的雕像要當哨兵有點表情太痛苦，只能當作是大師因為自己的天才而飽受折磨的故事開場吧。我有點心不在焉的往前走去，不是觀光季節遊客沒有很多，殊不知，空盪盪的長廊盡頭等著我的是一聲正要爆裂開來的巨響，在我轉身瞥見你的剎那間，眼淚很藝術家情懷的盈滿了眼眶。

巨大的你有著十四歲男孩的頭身比例，全身的筋脈鼓脹，肌肉緊繃，但都是恰到好處的力道，不是蠻力，然而健美又不夠形容。你是神話中的人物，是神造人類時的原形，方才靠著英雄的智慧打了一場漂亮的勝仗，眼瞳中仍燃燒著熾熱而童稚的火光，下巴因驕傲而高抬。不可思議的是，你身上

● 我和朋友在翡冷翠天氣再度轉冷時往北邊散步。

要不是看見噴水池的基座掛滿了一束束的冰柱，我們還真不知道自己到底是暴露在什麼樣的低溫中。

翡冷翠像台北一樣是個盆地，我住在西邊，每當太陽西下的時候只是備覺刺眼；

朋友住在城中間，不管清晨、正午或傍晚，都一樣暗沉沉。

從翡冷翠的北邊走回家的路上，我們終於看見一個比較像樣的黃昏景色。天空變成暴風雨來臨前的紫紅色，

映著整排的光禿禿老樹，雖然下班時間車水馬龍，但當紅燈亮起來的時候，一切突然都變和諧了。

糾纏著一股狀似靈魂的東西，難道是完美的雕工釋放出的傲氣，還是米開朗基羅在極度專注中所遺留下來的氣息，千古不散。一記飽滿到足以召喚人類對藝術飢渴本能的響鐘，一句深刻到足以提醒人是有靈性生物的耳語。我在你腳下繞啊繞的再也無法離去，你放鬆的那隻手好似正冉冉冒著體溫，胸口好像因呼吸而顫動，你已經不只是一尊了不起的雕像而已了；經大師之手而復活的神話，藉由你穿越時空，不同國家不同時代的人，因你的存在而同時起立互相擁抱——這就是你所帶來的感動。一個身而為人的感動，我戀愛了。

巫婆節的盧卡：

初到翡冷翠兩、三天，我們就決定了出遊的第一站。你離翡冷翠只有不到一小時的車程，城市被舊時的城牆圍成一個大圓，如果可以在城牆上騎腳踏車，繞著圓形廣場走一圈，就可以把迷人的風光盡收眼底。第一次坐上這種短程的小小破破火車，我看著窗外其實心裡還沒踏實起來，雙腳有點發軟的感覺還沒退去，與新環境相遇的羞怯還在微微發燙。

在火車到達，我站起身的那一刻，突然雙腳一陣劇痛，膝蓋兩側的筋骨像是被撕扯開來一樣，無法彎曲，走路姿勢變得很可笑。我們先來到圓形廣場，周圍的酒店和香料店和我記憶中第一次到歐洲旅行的時候很像，中間則擺了許多攤位，攤位上都掛了巫婆。好奇的逛著，在廣場的另一頭有一個男人，正在專心的雕刻一大塊巧克力

●在冬天的中義常常會看到一種樹，細細的分枝長在粗粗的樹結上，像是一隻隻爪子。在童話故事裡面巫婆住的森林裡，那些會抓走小孩子的魔法樹，應該就是長這樣。在巫婆節來到盧卡，滿城的這種巫婆樹，搖晃著映在鵝黃色的老房上，好像在說：『我要來抓你啦。』

磚。我們問他在雕什麼，他說他要雕一張巫婆的臉。為什麼又是巫婆啊？『因為今天是巫婆節嘛。』他說。原來是因為巫婆節，難道是我在巫婆節當天出遊犯了禁忌才被懲罰腳痛的嗎？

傍晚我們爬上了城牆，牆上的路就像是一條公園裡面的林蔭大道，不過是一條冬天的林蔭大道，樹葉掉光了沒有『蔭』。許多當地人牽狗帶小孩的在散步，迎面而來的都會不住的多看我們幾眼，我這才心頭一揪，想到自己將是以外國人的身分在這個國家住下來，有些小孩還打趣的學我走路一拐一拐的樣子，讓我心裡很不是滋味。但夕陽西下，透過光禿禿的樹枝望去，遠方的山巒和山腳下的房舍，還有上頭那彎早露臉的月亮，仍使我對未來更多冒險的日子充滿了期待，就算這條路是這樣顛簸的開始。

想睡的阿雷佐：

回到翡冷翠在朋友家住的這幾天，我們覺得不出去玩一下實在很對不起自己。自從我們在不同城市念書而分開之後，就很難這樣一起出去玩了。朋友說你那裡的骨董市集很有名，一擺起來就是整個城市都五花八門，不像米蘭只有在運河邊而已。幸運的是這個週末就有，值得一看。都已經在義大利住了一年多了，搭火車出去玩根本就是不費吹灰之力的事情，不過就是買了票，上了車，然後到當地的資訊站拿一張觀光地圖，再也簡單不過。

我們要了地圖，順便問一下解說人員骨董市集在哪裡有，她笑了笑說：『骨董市集是上個週末，今天沒有哩。』啊，沒有骨董市集，不就只剩下『美麗人生』的拍攝地點有名了嗎？不過大家還挺想得開，沒有骨董市集就四處閒晃吧。太陽大大，街道空空，還算是個乾淨漂亮的城市，路邊還有販賣機賣裝小狗大便用的袋子，很先進。

●阿雷佐是個有點像西耶那的小城，還迴盪著千古不變的小城邦氣味，城市的結構仍繞著城堡為中心而發展，處處看得見不同貴族的家徽。就連一扇不起眼的小門，都好像是未來的王者，在冒險還沒開始時住的兒時小屋；或者是個隱姓埋名的異國公主，偽裝成女僕時住的地方。總覺得若是門開了，出來的應該是個腰上佩劍的古裝人吧。

沒有人去提朋友記錯時間這回事，既然都來了，怎樣都可以玩得很開心。如果是一年前，出去玩卻搞得很無聊，難免會覺得掃興；但現在我們卻能夠隨遇而安，看看公園城牆，喝點飲料，然後在美術館的後花園打起瞌睡來。我們學會了怎麼隨時隨地都愜意，累了就坐久一點，渴了就進咖啡廳，有精神了再進攻下一個景點。

當太陽很大、曬得全身暖暖時，就要像小貓一樣眼睛一瞇，倒在青青草地上；當突然下起雨、淋得全身濕濕時，就要像電影裡的主角一樣跑進旁邊的咖啡廳，和服務生閒扯淡，也許會有豔遇。思想要單純，對人就會有信心；錢包要夾緊，就不會有懊惱的機會。發條放鬆了，只要兩腿加快也就跟得上；工作累了，泡一杯咖啡罵一聲幹就可以繼續。除了講話很快意見很多之外，我想我們已經很義大利了。我在閒閒的、想睡的阿雷佐午后發現了大家人格上的轉變，這才是出國念書的主要收穫吧。

●裝狗大便的紙袋自動販賣機，應該是個先進城市才有的裝備，但我們卻第一次在阿雷佐這個小城看到。義大利出乎意料的不搭調，總不厭其煩的挑戰我們出生在島國中，狹窄的心胸。

La prossima fermata

最後一眼的翡冷翠：

搬去米蘭前的最後一個晚上，我和朋友去我們最喜愛的餐廳吃披薩，我們點了第一次來這家餐廳時點的口味，這樣才能前呼後應的做一個完美的結束。那天共和廣場上，來了兩個美籍的街頭藝人，是一對男同志戀人，他們走遍世界各地表演雙人長笛。我看著黑暗中亮亮的廣告招牌，和舊市中心地標下的旋轉木馬，沒有什麼離別的感傷，因為我知道那只是和你的第一次分手，等你春夏更加美麗時我還會回來看你。

一年之後我果然回來了，碩士班的課程已結束，本來想要認真談的一段感情也被匆匆切斷。在朋友家住個幾天，再決定回家之前要去哪裡。我想去一個有海的、安靜的地方。醒了可以聽著鳥叫發呆，無聊了徒步便可以去到海邊，走累了，回到旅館就不會流著眼淚入睡。於是我決定要去聖雷莫，西北邊一個最靠近法國的海邊小城市。

●冬天快結束的時候，我坐在那個有旋轉木馬的廣場。心裡面回想著第一天踏上義大利的土地時，那種有點害怕、有點期待，又有點情怯的心情。而兩個月之後，我感到有一點遺憾，對翡冷翠的第一印象是冰冷的；有一點抱歉，拒絕了書店裡面那個老人盛情的邀約。有點心虛的，我覺得膩了。

沒想到那天之後，不管在米蘭待了多久、去過了多少不同的地方，總還是會想要回到翡冷翠，吃吃牛肚三明治，看看大衛像。畢竟，就像小鳥會認第一眼看見的東西做娘一樣，在義大利，不管願不願意，我都是已經認翡冷翠做娘了；一個令人厭煩卻又念念不忘的娘。

早上我走到火車站的買票機前買四天後的火車票。買票的隊伍很長，我排了二十分鐘，終於排到後，買了去聖雷莫的票。當我準備想要順便買回米蘭的票時，後面騷動了起來。在義大利住了一年多，不可能不知道即將要發生的事。我心裡想著：我活到二十四歲了，總是時時刻刻為別人著想，最後卻沒落得什麼好下場，從現在開始我絕對不再讓步。

後面的女士拍了我的肩膀，說：『妳買票買太久了，別人也要買。』

我不客氣的回她說：『大家都一樣排隊，我就是要買完我的票。』

另一個男人也不甘示弱，馬上揮著手說：『可是我們在趕時間，妳又不趕。』

我還是堅持說：『我只剩下一張票要買而已。』當我伸手

要按下一張票的選單的時候，又一個女士走過來了。

她看著我說：『妳買的是幾天後的票，我們有些人十分鐘後就要上火車了，妳就不能讓我們先買嗎？』

正在氣頭上的我突然一個念頭閃過，如果再吵下去，後面有些真的很趕的人可能就要趕不上火車了。於是我走開了。走開之後很氣自己，為什麼閃過的念頭不是『你們很趕為什麼不早幾天買票，大家都一樣是排隊買票，難道我就沒有權利買完我的票嗎？』為什麼我的善良就是會被當成懦弱？心裡明明知道如果同樣的情況，站在他們面前的是個金髮碧眼或是彪形大漢，這些死老義就一個屁都不會敢放。

很恨自己的我靠在火車站裡的大柱子後面哭，哭完之後我無意的又走到了亞諾河邊，想起當初在冬末春初時離開你，才跟你約好了要來看你變成綠色的模樣。我望向河對面的山頭，真的很綠。而這次，可能真的是最後一眼了。

CHAPTER 02

盛夏西西里

橄欖綠南義

搭上長達十九個小時的夜車北上米蘭，
沒有空調的火車在西西里正西下
但仍然火紅的夕陽下悶熱難耐，
我們正沿著西西里東邊的海岸線往北疾馳，
火車剛過我這趟旅程沒去拜訪的陶米那花園火車站，
穿過棕櫚樹叢看過去是海，
除了漁船的燈火之外還有妝點華麗的觀光船，
再遠一點是城市的燈火和山脈，
就如義大利所有的地方一樣，
山上總會有個幾座打上鵝黃色和藍灰色燈光的巨大城堡。

我的心裡正迴盪著第一次
坐在愛琴海岸看湛藍的海水搖擺著岸邊帆船，
第一次從希拉庫薩搭火車到阿格里琴托時，
看見埃特那火山下蒼涼壯麗的灌木和金黃色麥稈平原時的遼闊。
那是一種頹靡的華麗，
沒有空間限制似的無限鋪展開來，
那種巨大不會讓你感覺渺小，
而是偉大；那種感動不會讓你微笑，
而是心痛。我想身為一個外國人在義大利是幸運的，
我們能夠感受到的美麗和文化衝擊更強烈，
我們對這塊土地的想念會更甜美。

La prossima fermata

難吃披薩的拿坡里：

烏雲重重的週末連假，和朋友搭八個小時的火車南下義大利想要提早曬曬夏日的太陽。旅館的服務生警告我們最好不要超過十一點才回來，因為你的夜晚是罪惡的天堂。但貪玩的我們哪願意浪費那麼多時間呢？為了在交通一團混亂的南義到達目的地，每天都要搭三、四種不同的交通工具，從地鐵換私鐵，從板船換水翼船，我們玩到每天都搭最後一班地鐵回旅館，緊張兮兮的看著飆車族從身邊呼嘯而過。

●船是一種漂泊的艱苦浪漫，是義大利人熱愛旅行的心，海風讓他們感到自由。敞著啤酒肚的船員，正深情的癡望著自己的船，被我歸類為南義所有靠海城市的標的物。這些中年發福的男子，或有家人、或沒有，但船永遠是他們最知心的情人，他們最溫柔對待的伴侶。他們自己可以發臭不洗澡，但卻一定要把船刷得又白又亮。

你不像北部有清爽爽的城市街道和湖邊的青草，也不像中部有引以為傲的藝術資源，你只有犯罪、齷齪、烈日、大海、美食、深夜裡的咆哮和斷垣殘壁上成群的罌粟花。但也因此你才是最迷人、最有生命力的義大利，要在你的蓬頭垢面中找到原始濃郁的美麗，就得先忍受你的粗暴無禮。我和朋友輪流安排每天的行程，我負責的是『拿坡里市區觀光』。我規劃了一條可以遇到最多景點的路線圖，但最後大家還是感官取勝，看哪兒吸引人就往哪兒去，什麼教堂廣場的，都不及路邊的小店有魅力。

我們以為會在你這裡吃好的喝好的，結果

●總是擠滿遊客的卡布里島，那天因為潮位太高，而無法進入藍洞參觀。大家失望的在島上閒晃，也許，當海平面持續上升，除了威尼斯會先被淹沒外，義大利有許多著名的景點都會消失了。看著義大利人那麼單純到無辜的傻樣，差點就內疚的跟他們道起歉來。畢竟，我猜想除了化外之地，義大利人真的是地球上最不愛吹冷氣的民族了。若是臭氧層的破壞危及到他們的生存，那還真是很可憐啊。

5
il rifugio

每天都玩到餐廳關門，又吃麥當勞。最後我們決定要以吃到好吃的披薩為目標，禁止過度貪玩。於是最後一天的晚上，我們找到了一家好像很傳統的披薩店，但是還沒開始點，朋友就肚子痛了。果然我們勞碌命，不適合吃好料。不管怎樣一定要點一份鯷魚披薩，來到拿坡里不吃鯷魚披薩，簡直就是跳進泳池不游泳，避重就輕了嘛。好期待的鯷魚披薩來了，趕緊切開來，趁熱送進嘴裡。這時大家的表情都很複雜，好像有點痛苦又有點壓抑，還帶有懷疑和不解，最後肚子痛的朋友首先發難：

『好鹹。』

『爆鹹。』我吐出舌頭。

『超級鹹。』另一個朋友說。

『難以下嚥。』我們一致同意。

下次不敢再貪吃了，原來你都是用這樣的食物把這裡的人肚子養得那麼大，我們實在是承擔不起啊。

●歸來吧，蘇連多。當太陽緩緩沉下蘇連多的海港，卻是我們再次啟程之時。雖然蘇連多的確是個小巧可人的山城，但總不會對外來的旅人呼喚。哪天，回到淡水河邊看日落，臭臭的，鹹鹹的日落，再仔細聽聽台北有沒有歡迎我歸來吧。

●小山城阿瑪菲，夜晚來臨前碼頭旁站滿了等待歸去的旅人。
大家都累了，都在想著晚餐該吃些什麼。心中洋溢著浪漫情懷的是遊客，一臉倦意的是通勤者。在拿坡里近郊的這幾個觀光小城，當地居民已經少之又少，大多是天天搭船往返，來這裡做生意，賺觀光客錢以餬口的南部人。對於這樣詩意的碼頭、天空和大海，他們應該已經沒有任何感覺了。

●穿梭在拿坡里舊城區的小巷，建築物的年齡實在已經很難判斷。
但我總是注意那些攀附其上的植物，古老而生生不息的。
在逐漸沒落的文明古國裡，悄悄的傳達著義大利年輕人不屑聽的事情，
一些舊時的輝煌，和一些英雄的傳奇。

糊塗的希拉庫薩：

你是我們來到西西里的第一印象。我們瘋狂的搭火車，千里迢迢來到你家，昨天下午從米蘭出發，今天中午才到。我們拖著要定居一個月的行李，滿身疲憊的走出火車站。六月的你已經很懶散，街上沒什麼人，大家的動作都溫吞吞。我們打給語言學校的住宿管理員，電話的那頭他叫我們等等，他馬上就會到。我們蹲在自己的行李上，半小時之後看到一個騎著腳踏車的小鬈毛不慌不忙的來到。他一手扶著自己的下巴說，不好意思，牙痛，所以講話會不清楚。小鬈毛幫我們聯絡房東，我們環顧四周，你跟我們想像中的西西里景象沒有太大的出入。

相互靠得很近的老舊房舍，晾出窗外的衣服萬國旗一般，在藍藍的天空下搖搖晃晃，窗台上種著巨大的仙人掌，還有紅色和白色的虞美人。風鹹鹹的，慢慢的，有海的味道。陽光散散的，悶悶的，可是卻又點惡毒。小鬈毛口齒不清的終於把事情交代清楚，又過了半小時之後，房東夫婦開著有點氣喘的小車，噗噗噗的到了。他們看到我和朋友，便忍不住吱的一聲笑了出來，房東太太問我們說，我們是『一對』嗎？我和我的女性朋友四目相對的搖了搖頭，說我們不是女同志。原來學校寫給她的房間需求是雙人房，她讀成是『一對』要住的房間，還特地替我們佈置了一間蜜月套房，這下子我和朋友可得共睡一張雙人床，享受新婚的甜蜜。

我們的房間很大，還有另外兩間分開的單人房租給兩個日本女生，房間裡有一種老人的味道，衣櫃裡還有沒有收走的大衣。廚房的桌上留有一籃檸檬，窗外聽得見流淚聖母教堂的整點鐘聲。廁所裡的藤編置物抽屜裡縫有野餐籃一樣的花布，所有的東西裡都有老奶奶的模樣。我們洗過澡，躺在床上睡著了。晚上八點鐘，太陽依然還沒下山。八點的黃昏，有和弦的教堂鐘聲，還有一股飄散在空氣裡的古老氣息，織就了一個慢半拍的時空，我們終於踏上了西西里的土地。

●西西里的情調是不經意的。那天我看見兩個太太在標誌下抬槓，一個穿著大紅色的洋裝，一個則穿鮮綠色的衣褲，還跨坐在機車上，像是導演調配好的畫面。這樣的對比在老老的巷弄裡是那麼的燥熱、鮮明而有生命力，一語道盡西西里人的生命特質。

●諾托是希拉庫薩近郊一個精巧的小城市，天際線不高、並且整齊，因此城市很小，天空很大。一眼望去，就可以看到底。

愛琴海的希拉庫薩：

我們為了省交通費，還有要練出結實的小腿肚，每天從我們住的南角穿過一座橋去東岸的語言學校上課。路程中上坡下坡，來回總共要花八十分鐘。每當看到橋的時候，就表示學校已經不遠了，只要穿過廣場上那家露天咖啡廳，看到那兩個很像黑手黨的老人在打牌，再繞過阿波羅神廟的遺址——兩個無聊中年男子每天都站在那用日文跟我們打招呼，然後再走進那條很多服裝店的巷子，等到過了那家我最喜歡的糕餅店之後，就可以看見海岸線了。學校就在海的旁邊，每天早上海風徐徐，波光閃閃，任誰都沒有心情好好上課。

大約一個星期之後，我們才知道每天跨越的那座橋底下，就是愛琴海。從此以後每天經過那座橋時精神便為之大振，哪個台灣來的幸運兒可以每天都看見愛琴海？愛琴海的藍是清清亮亮的，而地中海的則是深沉湛藍。在五個月都住在內陸之後，從島國來的我們最想念的就是大海，大海和熱燙燙的沙灘。下課之後我們的任務就是沿著海岸去尋找離學校最近的沙灘，因為我們想要曬成像拉丁人一樣一身好看的古銅色。最後我們找到了一個大概只有五坪大的公共沙灘，雖然小可是卻很熱鬧，大家都跟我們一樣想要找一個不用開車就可以天天享用的沙岸。

小小的沙灘上我們脫得只剩下比基尼，身旁只有老人和小孩，沒有危險份子也沒有什麼豔遇的機會。下完課做完日光浴，回家洗過澡之後就要面對一個又長又無聊的夜晚了。房間裡沒有網路也沒有電視，外頭沒什麼娛樂，朋友每每無聊得倒頭大睡，我也在東摸西摸一陣之後擺平。我們睡覺的時候總是太早，有的時候還得拉上窗簾遮住西西里盛夏時，遲遲不下山的太陽。住在我們樓上的一家人可能有一隻小狗，因為每當我們都呼呼大睡的時候，都會聽到狗爪在地板上跑跳。這就是我們在你家的一天作息，很緩慢的、慵懶的，完全入境隨俗。

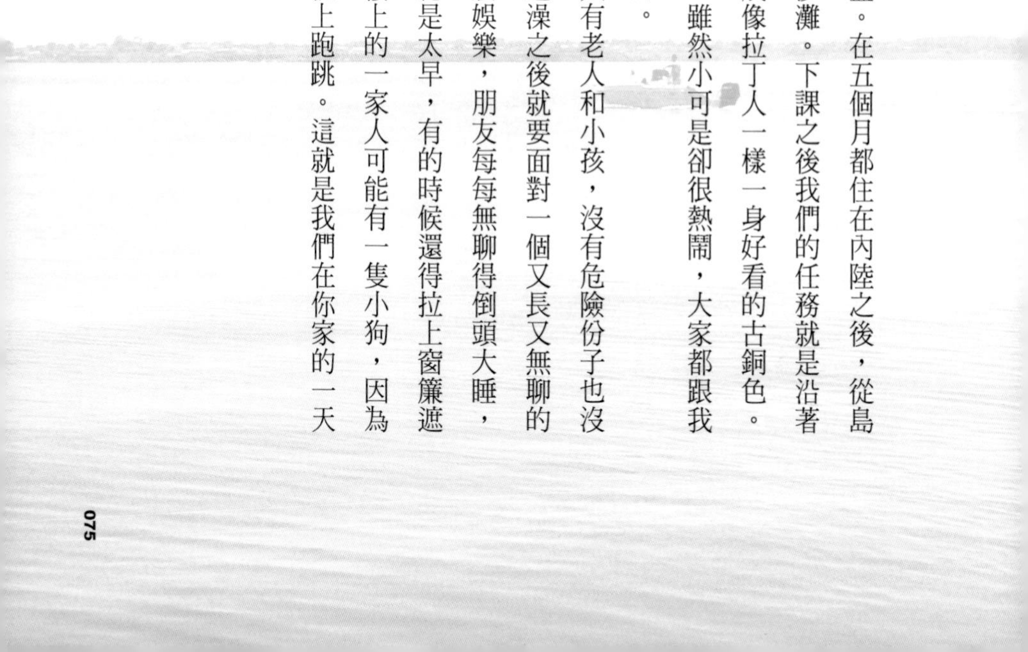

●上完課，回家前繞到碼頭在岸邊坐著，腳下是愛琴海，洗得很白的帆船泊在岸邊隨波搖擺。波光中有一種閃動很奇妙，陽光打在流動的海面上，被拆散成星星形狀的斑點，爭相點亮著，隨著肉眼可見的魚群來來去去，變幻著視覺的饗宴好像一種多媒體裝置藝術。那一刻，我真的覺得我好幸運。

發燒的希拉庫薩：

你太熱情，也燃起了我的一把烈火，來到你家後的一個星期，我突然發起不明的高燒，燒得我兩眼昏花，四肢無力，冷汗直冒。我吃光了自己的感冒藥之後，病情毫無起色，便把朋友的感冒藥也都吃光了。但高燒持續了一個星期，每天早上起來都感覺似乎有好轉，但一到了下午五點整，體溫又極速上升讓我馬上倒地，求生不得求死不能。我開始懷疑自己是不是得了什麼可怕的病，像是猩紅熱或肺炎，全身虛脫，狂拉肚子。

最糟糕的是我們的房間沒有棉被，炎炎夏日的西西里，房東當然以為只要一條被單就夠用了。我把能蓋的都蓋在身上，一邊覺得天氣燥熱，一邊覺得冷得要人命。當初要來度假時，絕不自己開伙的誓言，使得廚房空空，什麼吃的都沒有。室友們一去上課，家裡就沒有半個人可以求援。再下去會死。真的會死，幾天之後我覺悟。於是強睜著浮腫的雙眼，拖著站都站不直的身體，一步一喘氣的走向兩公里外的超市。要買什麼呢？我燒傻的腦袋連最簡單的事情都拼湊不起來，最後買了一包白米就回到了家裡。我煮了一大鍋白稀飯，什麼都沒加。白稀飯盛出來有一個大的湯麵碗那麼多，為了怕死掉，我強迫自己再怎麼痛苦沒胃口都要統統吃下去。吃掉了一大鍋白米好像絲毫沒有幫助，我沮喪的倒在床上等待死神降臨。

朋友威脅利誘都不起效果，她一會兒說海邊有帥哥，要我快快好起來才能去養眼，一會兒又說我如果死了她沒辦法跟我媽交代。不想壞了她出去玩的興致，五點以前我都會勉強跟她出去逛景點，心想如果多出去走走就會好轉，但五點一到我的身體又會很準時的報廢。整點時響起的流淚聖母教堂的和弦鐘聲就像是我的輓歌，

樓上小狗的跑步聲像是在幫我挖墳。忘了這樣的慘狀維持了多久，但這個美好的假期大概有三分之一的時間我都是垂死的。

高燒不退的原因我一直不得而知，也許是因為你太喜歡我，就像小男生喜歡一個女生的時候都會使勁的捉弄她，就是要看她尖叫求饒才過癮。那你一定是對我一見鍾情，才會把我折磨個半死。應該是這樣沒錯的，對吧？

●西西里是個古老但精緻的地方，這裡的人並不優雅，他們總是在窗台底下大叫，年輕人過了中午就在街上聚集喧鬧，但他們的城市是莊嚴的，他們的個性開放，懂得享樂，他們的信仰卻保守而堅固。

民宅牆上塗鴉的外星人說：『就當作是為了我吧？』在吊掛著的粉紅色和粉藍色的毛巾底下，為這個充滿老人味的城市添加了一分童稚的可愛。就當作是為了我吧，希拉庫薩，不要再讓我發燒了。

眾神的阿格里琴托：

我們在這裡有兩天一夜的行程。來到西西里之後第一次離開希拉庫薩，坐上火車，興奮的扭著脖子直往窗外瞧。原來西西里整片都是橄欖綠顏色的，佐以藍天的藍，和麥田的金黃色；向西橫貫，忽然間我們進入了埃特那火山的領地。天與地的交響樂磅礡炸開。風是指揮靈巧的手，拂過金色大地時乾燥發亮的麥稈發出一連串銀鈴的細語，陽光撞著烏黑的延綿火山打拍子，火山口一個個壓低嗓子唱起『歐——』的男聲合音，墨綠色的灌木叢是短促抖擺的沙鈴，然後火車說：『啊……』於是無邊際的原野張大嘴巴將其吞沒。鼓聲在耳膜裡齊響有如雷鳴，感動終於突破音障，風仍徐徐，麥仍搖擺，但因為山脈沉默，一切就跟著寂靜。

心還在怦怦的跳動，火車就已經到了。你的城市高低坐落，必須要爬上高處才

可以看清楚。轉了個彎就上山了，商店隨著山路排列，很有規劃的。從我們的旅館下來，在一家麵包店前的平台上可以看見遠方的神殿遺址，晚上打上燈火顯得格外神聖。麵包店的夫妻很有趣，跟他們買了一次東西就變得很熟絡，好像多年的老鄰居。旅館的小老闆介紹我們去山腳下一家餐廳吃晚飯，吃罷還見他特地跑下山要求餐廳給我們打折。白天的行程除了逛神殿還是逛神殿，神殿有百百種，有的很完整，有的只剩下一根破柱子。但讓大家比較振奮的居然是豐盛的果菜市場，和餐廳裡帥氣斯文的服務生——看來要踏上眾神的領土，我們實在沒有慧根。

迷失在山谷裡的人家間，我們找到了一家小小的冰淇淋店。忍不住走了進去，和店員還有店裡的一位熟客很快的就攀談了起來。她問我們是哪來的，我們說台灣，還有一位朋友是日本人。

『都一樣。』熟客小姐說。

她指的都一樣不是看起來都一樣，因為她接著說：

『都是朋友。像西西里人和義大利人一樣。』說完就給每人一個熱情的擁抱，然

● 南義的果菜市場總是特別迷人。看著價位低廉的各種漂亮蔬果，和隨手就摘起大顆又飽滿的杏桃當場吃起來的人們，會有種豐收的錯覺。好像在成堆的作物間繞著繞著，就會暫時忘卻不景氣的生活環境。

用自家釀造的石榴汁、一鍋燉飯，和新鮮的大塊翡冷翠牛排招待客人，是所有義大利人都做得到的排場。就算貧窮也不能放棄美食和朋友，是他們最後的尊嚴。

沿著階往上，我們來到了一家無論是餐點還是侍者，都美味無比的海鮮餐廳。當吃完了前菜章魚沙拉，我吃下一口主菜烤旗魚捲，那鮮美鬆軟的滋味，在嘴裡化開，讓人恨不得起立歡唱，人生真美好。一杯白酒，一籃新鮮白麵包，最後那位有著深邃眼睛的侍者送上餐後的濃縮咖啡，我簡直就想把他也打包回家了。

後哈哈笑著離開了。

原來在阿格里琴托人的心目中，他們不算是義大利人哩。果然是神的邏輯，每人皆獨立，但眾人皆兄弟。我們的旅程結束在同樣驚豔的回程火車上，與我們同車廂的是一位長得像強尼戴普的拿坡里帥哥，任職海軍，說話溫文有禮，熱愛東方電影。太美味了，神啊！謝謝祢。

●雖然我們沒有辦法住在最高級的五星旅館；據說那裡的房間正對著神殿群遺址，夜景美不勝收。但從我們那家位於山上小旅館走下來，在半山腰有家麵包店前的廣場，也有著極好的視野，可以看見遠方亮晃燈火下的部分神殿遺跡。

小旅館的老闆是個色迷迷的小胖子，早上他會穿起圍裙幫大家煮咖啡，午就晾著肚子看足球。他滿口黃腔，卻連一支吹風機都變不出來，但就在我們要離開的前一天晚上，他突然出現在我們吃飯的餐廳，揪著餐廳老闆的衣領，逼他幫我們的晚餐打了九折。這就是南義人粗暴但可愛的義氣。

瀕死的埃特那火山：

我以為爬火山是一件很屌的事情，況且年輕力壯，體能應該不成問題。看見學校貼出要組團的公告，就毫不猶豫的在下面填上名字，大部分的團員都是隔壁那所美國學校的學生，成行人數一下子就到了。領隊是個在義大利研究地質的美國人，因為長久居住，義大利文反倒比英文順溜了。一路上他說了些什麼實在不記得，只知那天天空晴朗，豔陽高照，是個適合郊遊的好天氣。

聽說你是西西里境內還有在活動的火山，每幾年就會噴發一次。不過領隊要我們放心，說你短期內是不會再發作了，就算發作，在某個層面上還能算是我們的好狗運啊，死之前可以看見大部分人一輩子都看不到的壯麗景致。踏上一片死寂的亂石，領隊往對面積雪的山頭一指，說那裡就是我們的目的地，大家都同時倒抽了一口氣。

健行本身不是一件困難的事，但很快的大家就發現，雙腳深陷在火山灰中，毫無著力點，舉步維艱，像在夢中行走，力不從心。身體較不好的團員很快的就喊停，回到起點等待。我們有時走過懸崖山脊，若不留神或腿軟可是會送了小命，有時要滑下長達十公尺的灰屑堆，每個人無不滾得灰頭土臉。

太陽大，汗水混著臉上的泥灰流進衣服裡，不管平常有沒有體味的都很公平的統統臭掉了。中繼站是埃特那國家公園，跋涉過火山爆發後的不毛之地，看見草地

和樹林真是一大驚豔。突然撲通一聲水花四濺，原來是個熱到不行的男孩子找到一口淺井，終於按捺不住衝動縱身一躍。眾人把他拉上來，他還開心的哈哈大笑，剝掉衣服擠出水來。還真是需要一點半瘋狂狀態才能完成剩下的旅程，我記得最後我的每一步，都伴隨著大口喘著氣直到胸口發痛，我在翡冷翠買的camper鞋在飛沙走石中腦袋開花。

水已喝光，口乾舌燥，喉嚨灼熱，臭氣沖天。六個小時的路程成功的擊垮眾人，回程的遊覽車上安靜得像是送葬隊伍，唯有酣聲四起。你又贏了，埃特那。

●上山前領隊說，埃特那火山三年前爆發過一次。我們踏在黑色的火山灰上，心想著不知道腳下正踏著多少生靈的亡魂。健行才剛開始，一位美籍團員站在一幢被掩埋的坍塌小房前，沉思良久。不知是他那顆很好萊塢的心靈，想到了許多驚悚的災難片，還是他在說服自己，那棟屋子在三年前就已經沒有人住了呢？

輸球夜的巴勒摩：

我和日本朋友蹺了兩天的課要來一趟西部西西里之旅。我們中規中矩的安排了景點行程，不外乎是走路、搭車和拍照；你有點像羅馬，觀光客的數量和建築物巨大的程度成正比。古蹟的密集程度也和翡冷翠有拚，才兩天下來，我和朋友就面面相覷的說：『我們可不可以不要再看教堂了？』

說起來真的很不好意思，我努力回想起來你好像沒有什麼讓我印象深刻的地方。反而只記得我們去塔帕尼的那天，一路上找不到公車坐，還堅持地要去看很遠的鹽田，結果走了兩個小時把自己置身在荒郊野外，最後無功而返。但是在回你家的路上我們遇到了一個賣醃漬海產品的小攤子，買了很多乾魚卵當伴手禮。還有啊，坐小公車上山去蒙蕊阿雷，就是為了看那個貼滿金箔的教堂；只有一個山頭大

1

魚攤上躺著整隻待分解的旗魚，是西西里市場常常可見到的場景。旗魚的眼睛又大又圓像是面鏡子，泛著混沌白霧，好像是用死亡蒙住了深海的秘密。

● 大家盯著露天披薩屋廣場上的電視，電視一會兒靜悄悄，一會兒又大聲得破音。義大利人老樣子的一邊揮著手大聲抗議，一邊又不肯移開眼睛。老闆進進出出的，解決不了問題，只好裝死打哈哈。

我吃著我那盤超級便宜，可是沒有什麼料的海鮮披薩，抱著看好戲的心態，再怎麼樣義大利也不可能會輸給美國隊。但是有我身後的美國觀光客的加持，那些輕敵的義大利型男居然一腳把球踹進自己的球門。瞬間一片哀號訐譙四起，我默默的喝了一口啤酒老僧入定，後來那年義大利不是拿冠軍了嗎？

●巴勒摩的劇院廣場上，正在舉辦空中看地球的攝影展。我意外的看見了一張拍攝台灣外海的作品，正想開心的跟旁邊的義大利人說，這是我家。但看了照片上的解說文字，原來照片是拍攝被廢水排放嚴重汙染後的海面。於是我又有些自卑的悄悄走開了。

的小城市，可以靠那麼一個教堂帶來的觀光收入而自給自足，真的很了不起。

我記得一、兩件有關你的事，像是我們那天誤闖了一個沒有開放的公園，結果被鎖在裡面。好險後來找到了一個民宅的後門通那個公園，才拜託對方讓我們經由他的屋子出去。還有一件事就是我們的最後一晚，正好是世界盃足球，義大利對美國隊那場比賽。我們挑了一家露天披薩店，老闆搬出一個超大的電視，所有的客人都不約而同的點了啤酒，邊吃喝邊目不轉睛的看著。大電視的音響有點問題，聲音忽大忽小，許多客人大聲抗議，但老闆搖搖頭說他也沒轍。

跟美國隊的比賽你們本來應該是勢在必得，但是卻踢出了史上最烏龍的一球，幫美國得了一分。頓時吼聲震天，其中竟然夾雜著一聲刺耳的歡呼，全部的人都猛然回頭，聲音來源是在我們隔壁桌的美國觀光客。這時一群遊行女學生衝向那幫老美，大叫著：『美國隊遜斃啦！』老美桌子一拍，跟他的同伴說：『我真討厭義大利人這樣。閃人吧。』後來那一分就再也追不回來了。不過其實也不用太自責啦，畢竟事情總是要出點差錯，才容易被記得，像我看了那麼多的景點，最後卻只能想起一些雞毛蒜皮的插曲啊。

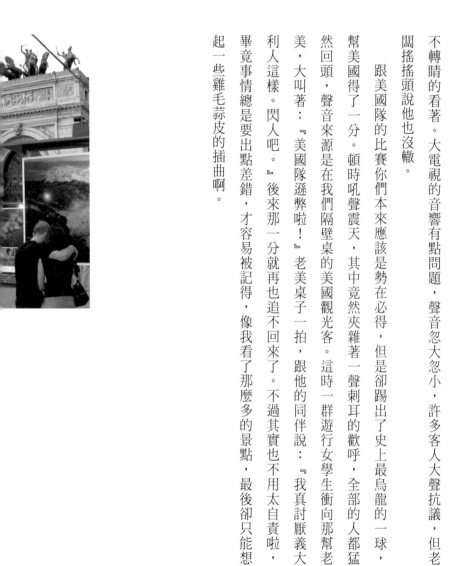

●去塔帕尼尋找鹽田的那天，太陽大得讓我們也變成一座人肉晒鹽場。我和日本朋友打著如意算盤，心想一路上一定會遇到公車。結果我們卻一直走在快速道路上。日本朋友不太開心，她說如果堅持要走路，就一定要走到目標才能停。她走得很快，體能不佳的我幾度跟不上。我們就這麼在大太陽底下走了兩個小時，最後終於看到一點點鹽田的痕跡。『不行了。』我說，走到這裡，離真正的大規模鹽田還有十幾公里。

回頭望去，我們已經沒有任何力氣走回原點，終於鼓起勇氣站在路邊，比出大拇指。很快的一個開深藍色飛雅特的男子停下車來，問我們要去哪裡。『市中心。』

我說。男子發動車子，我們寒暄一番，話題不離妳是哪裡人啊，來義大利做什麼啊，之類的。十分鐘後男子把車停在路邊，要我們陪他去喝杯飲料。我們不好意思拒絕，猜想義大利人都應該只是熱情。喝完了加冰可樂，我們繼續上路。

『我是好人嗎？』男子突然問道。『是啊。』我們苦笑了起來，『你很和善。』

『那，』男子猛然轉過頭，盯著日本朋友看，『跟我上床好不好？』

『不好。』我馬上回答。

『為什麼？』男子又問，一臉受傷。

於是我們心裡浮現了新聞畫面，心理狀態不正常的寂寞男子，因為要求上床不成大開殺戒。兩個異國女孩慘死在西西里的小城市，還被姦屍。日本朋友很小心的說：

『因為我們不認識。』

『怎麼會？』男子惱怒，『妳們剛才不是說我是好人嗎？難道妳們是在說謊嗎？』

後來故事是這樣結束的：男子停下車，陰沉的說：『市中心已經不遠了，麻煩妳們馬上下車。』

我和朋友鬆了一口氣。

mo più!

●要坐小公車才到得了的山間小城蒙蕊阿雷，規模之小，像只是圍繞著金箔教堂而發展的觀光區。我和日本朋友在西西里島西岸的旅行後幾天，氣氛莫名緊張，幾乎就要吵了起來。那天我一個人去吃了中飯，而她說她肚子不舒服要去走走。我看著金光閃閃的耶穌，好像在教我們要學會心平氣和。回程的時候我對日本朋友說，『我很開心跟妳一起出來旅行，謝謝。』『我也是。』她坐在公車的另一側，說要看風景。我們還是不適合一起旅行，但最後總算和平結束。

CHAPTER 03

米蘭初春

灰藍色北義

我從米蘭的中心往西南走，
大樓上的跑馬燈顯示氣溫是八度。
假期結束後的米蘭週末比平常更冷清，
穿梭在大街小巷之中我幾乎一直都是獨自一人的。
我經過了很多教堂城堡，
其實隱藏在這個號稱為全世界最醜的城市中，
還是不時的能找到歷史遺留下來的驚豔，
和這個努力要現代化的城市，
譜成了一種百味雜陳又有點滑稽的調調兒。
像是一路貼到主教雕像身上的廣告單，
還有城堡牆上張狂的塗鴉；
我真是愈來愈喜歡這個臭城市了。

mo piu'

Non ti a

謎樣的威尼斯：

你是我搬到米蘭之前第一個造訪的北邊城市。原因很庸俗，因為你家正在舉行嘉年華。我和朋友為了趕上嘉年華會的最後一個週末，就算是排除萬難也要買到車票，想當然直達車全部都客滿了，我們從翡冷翠來花了三個多小時，換了三班火車才到。住宿又是一個很大的問題，我們乾脆決定當天來回。車程來回加起來就七小時，加上有限的車票時段選擇，我們到底有幾個小時可以狂歡呢？答案是：兩小時。夠瘋狂吧？千里迢迢來你家只為了看你兩小時，好客的你似乎也感覺到了，在風雨連續侵襲數週的陰影下，這天你使勁全力般的撥雲見日，雖然還是陰陰晦晦，可是一滴雨都不許落下。

出了車站我們根本不需找路，就被大量的人潮一路推擠到聖馬可廣場，沿途奇裝異服的身影，正快速點燃所有第一次參加面具節的亢奮靈魂。平常你是很恬靜浪漫的吧，但其實威尼斯人的生活過得並不好：水上城市的氣候潮濕難熬，義大利在從里拉換成歐元之後，更因為物價飛漲，國民所得平均突然變得很低；消費本來就最昂貴的威尼斯更是深受其苦。每年的嘉年華會對當地人來說是一場完全脫軌的狂歡，在齋戒月來到之前讓他們毫無顧忌的放肆兩個星期，同時也是另一個賺入大把觀光客鈔票的好機會。

我們身陷在不可思議的人潮和面具之間，完全看不到野台上的走秀，只聽到主持人訪問扮裝者的聲音，和一陣又一陣的叫好。我們所能做的只有在僅有的兩個小時內，用相機和自己的全身感官盡量裝載面具節令人醉醺醺瘋癲癲的氛圍回去。雖然我們在離火車要開動的前一個小時就開始往回走，但最後我們還是用跑的才趕上。傍晚的時候人潮並沒有散去，反而慢慢的聚集了各式各樣的雜耍和遊戲，在這個城市的各

●狂歡節的面具很有説服力，讓我幾乎就要相信，那就是扮演者們真正的臉。威尼斯人會遊戲，但卻很少歡笑。觀光客總是多到鋪天蓋地，而在這些異鄉人的巨浪之中，他們就默默的戴上了面具。這就是威尼斯人的悲情，靠觀光吃飯的水鄉澤國——她的優雅像是華麗的女王，受盡崇拜卻身不由己，必須極盡奢華的妝點好，掩飾自己內心巨大的空虛；不像翡冷翠，那滿不在乎的，掉落一地的古典，可以讓大家盡情的撿拾。

個角落。我們一邊擔心因為人潮的推擠，和一次又一次迷失在小巷間所浪費的時間會讓我們趕不上火車，一邊卻又貪婪的想要沾染那無意間遇到的、一團一團人群間歡樂的驚叫聲。感謝在翡冷翠練出的一雙好腳力，我們在威尼斯狂歡會的燈火漸漸點燃的時候終於回到車站，冷不防的，有人狠狠的朝我一口氣丟了三、四把彩色碎紙片；於是我便五顏六色的上了火車。

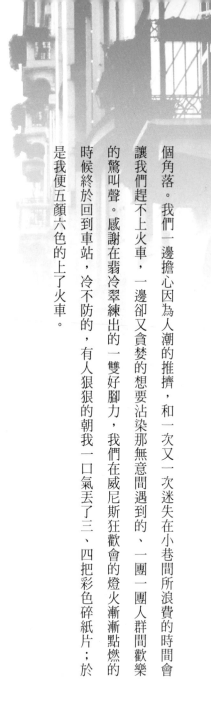

墮落的米蘭：

剛從翡冷翠搬上來的我，總覺得你好年輕。但是漸漸的我發現，你的年輕不是充滿活力，而是委靡不振。雖然你被稱作是時尚之都，聽起來總有幾分值得驕傲，但說實在的，除了大教堂後面那幾條規劃過的名牌大街之外，我也看不出來你時尚在哪裡。也許他們指的是Dolce Gabanna裡面那些上頭穿著西裝下面穿著豹皮褲的奇怪模特兒，或是Prada最近醜得要死的塑膠系列櫥窗。但重點是，一個垃圾滿天飛、行人們一點都不光鮮亮麗的城市，要怎麼承擔時尚的美名呢？

美的倒是那些觀光客，以為要到米蘭就得穿上名牌套裝，就像要到梵蒂岡的時候不能穿短褲一樣。不過對時尚也不是很考究的我，在意的不是你家人身上的剪裁，而是那些小朋友菸不離口酒不離手的景象。他們好像還停留在嬉皮和龐克的年

●米蘭人的幽默感雖然有限，但偶爾會出現在出其不意的場合。
我想這是在假日時外出散步的收穫，因為你永遠都不會知道，
一個城市的笑點會在什麼時候出現。
也許是有著新潮掃把的掃街老人、穿花衣的小狗，或是個壯烈犧牲的石頭路障。

FELICITÀ

代，每到了晚上就湧到介於大教堂和運河區中間的一個教堂廣場前，喝酒打鬧。我和朋友都稱那個教堂為萬惡教堂，前面那尊我一直沒弄清楚是誰的雕像看上去總是特別無奈。

事實上那是我唯一覺得你還有一點生命力和夜生活的地方，沒想到在我走之前市政府居然把那個廣場給封了，無處可去的龐克們散落在那附近各處的酒吧、街上、公園，擠得連車子都寸步難行。畢業的那天我和班上一票的同學們還是很自然的走到萬惡教堂前，看著圍起柵欄、空無一物的萬惡教堂廣場還真有無限的寂寞。最後我們還是加入了阻塞交通的人群們，流進馬路邊那家小而五臟俱全的自助式酒吧，抓幾罐啤酒，順手就把路邊停著的車輛當吧台，車頂可以擺酒，車底下可以丟垃圾，還可以躲在車後面以免被宣稱自己剛殺了人的醉漢搭訕，很是方便。墮落的米蘭，我在只差一點就要染上抽菸的習慣前離開了你，應該算是我的大幸吧。

『好氣氛』的米蘭：

我住在那條叫作『布宜諾斯．愛麗亞絲』的逛街大道隔壁那條『安得烈亞．朵莉雅』大街上。『布宜諾斯．愛麗亞絲』是西班牙文，我不大懂西班牙文，只知道跟義大利文的『布宜諾』很像，可能是『好』的意思，說穿了只要在義大利文字後面加個『嘶』的音，就跟西班牙文八九不離十。而愛麗亞絲，應該就是義大利文的『愛麗亞』加了嘶，所以是『空氣』的意思。但是愛麗亞也可能是指『氣氛』，所以『布宜諾斯．愛麗亞絲』不知道指的是好空氣，還是好氣氛。花了那麼大篇幅來解釋那條街的名字，不是因為那是我最喜歡的一條街，而是布宜諾斯．愛麗亞絲的確是我在米蘭最熟悉的一條街了。

從翡冷翠搬過來時我還有四個月的語言課要上，而新的語言學校就位於布宜諾

●出門的時候很暖，只穿了一件線衫和夾克。坐車到米蘭的南邊，運河附近。我選了一條奇怪的路作為開始，地上被噴了剪刀符號，又加上一個法文字母，不知道是什麼意思。那條路有點像是住宅區加上倉庫、工廠。順著一直走下去，往北到了大馬路上。很空盪，連建築物上的爬藤都長得特別旺盛。從米蘭市區的邊緣一直走到中部，不知不覺的又到了人多的地方。那是米蘭西邊的逛街區，逛街的人潮一直往市中心去。赫然在一家書店的前面又看見了那剪刀的符號，隨著我的路線，那剪刀一直重複出現，就像是我在走它走過的路一樣。我一直走到太陽下山，米蘭突然變得很冷，平常在早晨才會起的大霧隨著黑暗籠罩了整個城市。又冰又凍的冷霧，就像馬上要結成了雪一樣。

米蘭很髒，是連台北人都不能想像的髒。滿街都是狗大便和垃圾，空氣中總是飄著一股屎味。結了水氣，只是讓那臭味變得有重量了。又冷又臭的霧，我走下地鐵回家了。

●每個月的最後一個星期天在米蘭的運河上都會舉辦古董市集。

整條運河和旁邊的小巷擺滿了不同的攤位，從銀器、珠寶、玻璃、勳章、郵票、六〇年代的報紙應有盡有。就算是走馬看花也要兩個小時才逛得完全部，有沒有挖到寶則是要看運氣。像這位老修士，看來是找到他的聖杯了。

斯．愛麗亞絲上面，導致打折季來的時候，我和朋友都在上課前血拚到忘了時間，最後乾脆蹺課。

布宜諾斯．愛麗亞絲很棒，從羅雷多圓環寬寬的出發，直直通往大教堂，一路上從名牌服飾，到平民價位的連鎖服飾店都有，也不乏特色小店和餐廳、咖啡廳，還有四家麥當勞、一家漢堡王、兩家土耳其捲、兩家速食披薩，可稱是速食店最密集的一條街；途中還會經過數家連鎖超市、大型書店和家用品店。我們有句話說，在布宜諾斯．愛麗亞絲上面找不到的，也別想在其他地方找到了。

但方便並不是我對她的主要回憶，在留學的日子裡，大部分的時光都是一個人度過的；只有這條街我跟無數的人一起走過，朋友、同學、室友、愛

● 東方潮流在世界各地掀起旋風，但並不代表種族間的歧視和不信任就可以消除。畢竟，海報裡的模特兒是不會動的，也不會在米蘭的中國城炒地皮和置產，讓本來就很窮的義大利人活得更窘困。當領微薄時薪的義大利工人，裝著那隻黃皮膚的手的時候，大概也只是想著什麼時候可以下班去吃飯而已。

人——打折季的時候，買菜的時候，約吃飯的時候，只是想要散很長很長的步的時候。除了有計畫的約會，還有許許多多的不期而遇，布宜諾斯・愛麗亞絲既然是這樣的一條街，把大家都集中過來了也是理所當然的事，在上面走著總會覺得世界好小。

馬匹嘉年華的時候，布宜諾斯・愛麗亞絲彷彿成了條鄉村大道，穿著傳統服飾、騎著不同品種漂亮馬兒的各國騎士在上面愉快的閒晃著，道路淨空，馬兒嘶嘶，稻草撒落一地。耶誕節前，布宜諾斯・愛麗亞絲上空掛滿了亮晶晶的燈火，繞成漂亮的圖樣，讓我也想要像遊民一樣露宿街頭，免得妳一番美意被晚上不愛出門的個性給白白浪費了。親愛的米蘭，謝謝你讓我和布宜諾斯・愛麗亞絲做鄰居，用一年的時間踏出了一條又深長又纏綿的異國夢。

夜店的米蘭

雖然我是在都會長大，可是對夜店文化一直沒有太大的興趣。在黑麻麻的沙發座位裡端著一杯小酒，與朋友談笑風生，尤其如果是文人雅士設計師，還會說一天不去夜店一天沒靈感。這樣不用去夜店也可以創作的人，顯得有點兒粗俗不細膩。據說設計師喜歡去買醉哈草，是因為他們對環境過於敏銳，如果不定期去自我麻醉一下是很痛苦的。不過在義大利，可以安靜喝小酒的地方是一般的酒吧和咖啡廳，夜店是遇到一見鍾情對象或發生一夜情的場所，有伴侶的人則是去夜店喝醉之後，在眾人面前免費表演煽情戲碼用的。

夜店的好壞取決於裝潢主題和ＤＪ，當然有名ＤＪ進駐的夜店價錢自然昂貴，若有主題式餐點的又更技高一籌。平常室友邀我一起去夜店時我都嫌累拒絕，但幾次之米蘭之所以會處處留下年輕人撒野的痕跡，我相信不是因為政府特別開明，而是義大利人沒錢沒力沒心情，去管這些會一再發生的無聊事。偶爾偶爾，米蘭政府會搬出一條新規定來威嚇一下，比如酒瓶不能拿上街，教堂前不准聚集喧譁……但不久之後大家故態復萌嫌麻煩，政策也就不了了之了。

後覺得自己太過閉塞，既然都旅居國外了就應該要入境隨俗。那天他們又說想去夜店，我便爽快答應了。答應之後室友都雀躍，一行人先自己來了幾杯香檳和龍舌蘭之後，便裝扮美豔的出發了。

進場前的長廊金碧輝煌走宮殿風，內部還算寬敞但仍是人擠人。根本不知道該點什麼的我，還是裝模作樣的排著隊，在吵鬧的音樂聲中努力想要聽別人都點些什麼。這時我前面的小個兒男子見我東張西瞧，便轉身對我笑，他說：『哈囉，小美人兒，我是馬可，我不會說英文。』

『我會講義大利文。』我盡量做出一副開放的模樣：『我是李亞。』

『莉亞啊，我奶奶也叫莉亞。』黑黑暗暗我根本看不清楚小個兒男長什麼樣子，只見他對自己的搭訕開場很自滿，兩排牙齒笑得亮亮，又繼續說道：

『不過啊，妳可是比我奶奶可愛得多。』

『感謝你。』我說，心想哪有人把美眉拿來跟自己的奶奶比，真是差勁得可以。

『妳知道要點什麼了嗎？』小個兒男熱心的問。

『不知道，』我說，微笑著：『我想要酒精飲料，不要太烈。』

『那妳就點個摩西多吧。』小個兒男挺得意的推薦道。

『好，就點摩西多。』我還算是給面子的人，摩西多是種常見的薄荷酒，連我這種人都知道，可見小個兒男也不是什麼行家。

拿著我的摩西多回到朋友的行列。

『這裡的ＤＪ爛透了！』她們抱怨道。仔細一聽，幾首陳腔濫調的英文流行歌輪流放送，而且還自High到不行，果然不上道。

夜店的米蘭，這是我在這裡第一次也是最後一次的夜店經驗了，因為你這兒的人居然還停留在迪斯可的年代，要我跟著旋轉反光球起舞，辦不到。

雨天的科莫：

你離米蘭很近，又是好萊塢明星們選擇購置度假別墅的人氣地點，氣候溫和，湖水清澈，是我們一日遊的好去處。路程短短，坐火車一點都不累，但一見你我們不禁皺眉，因為你愁雲慘霧，雲不開日不見，一層重重的瘴氣壓在湖上，一副打個噴嚏，雨就要下來的氣勢。硬著頭皮，我們還是上了遊湖的小船。船噗噗開動了，卻好似霧裡看花，豪宅哩，湖光山色哩，統統是一片灰濛濛。對面的金髮小妹妹一開始還有點兒興致，不一會兒便不住的猛打哈欠，直跟她老爸說，好無聊啊，船要開多久？

●科莫真的是度假勝地、好萊塢明星們購置避暑小別墅的熱門選擇嗎？我們自討苦吃的坐上遊船，在細雨濛濛中，好想要跟這個小妹妹一樣大打哈欠啊。但我們很鄉愿，打了哈欠就是自打嘴巴承認白花錢，只好想著等會兒要去吃什麼好料的。

●義大利人喜愛SMART的程度遠遠超出我的想像。印象中，他們應該個個開起車來，都會有賽車手的架式，但事實卻恰恰相反。義大利人雖然大多開手排車，但上了路就頻頻熄火，每當綠燈轉紅，轟噗聲就像放屁一樣的接連四起；而當紅燈轉綠時，又聽見慌張的引擎發動聲不絕於耳。

而他們的停車技術更是令人不敢恭維。無法與停車線對齊也就不計較了，但車與車之間空的距離之大，簡直就是會讓台北人捶胸頓足。所以他們乾脆開SMART，傳說中可以直著停進橫向車位的傳奇車種。

我想要給你點面子，裝出興味盎然的模樣，拿起相機拍照，什麼也捉不到，最後乾脆偷偷拍起小妹妹那索然無味的小臉蛋，倒是比較有看頭。下了船總算是午飯時間，也許美味餐點可以彌補你的傲慢。我叫了份千層麵，坐在我們對面的中年男子容貌酷似喬治克隆尼，他跟侍者們好像很熟，頻頻和他們交頭接耳。之後他不斷的看向我們這桌，瞄到他戴著單只耳環，我們一口咬定他是看上與我們同行的男孩子了。

●後現代的建築矗立在老房子之間，是在北義偶爾會撞見的特殊景象。好像是年輕人流行在速食店裡吃披薩，有點古怪，但也不是很衝突。

下午我們做了什麼？對了，我們撐著雨傘在市區晃來晃去，窮極無聊，濕濕答答。最後抱著等火車的心情走進了連鎖家飾服裝店。沒想到因為時間太多我居然找到了在米蘭找不到的合適墨鏡，和朋友想要的玻璃油醋罐。也算是有不少收穫。不過從米蘭跑到度假勝地來血拚，實在不是我們的本意；但那付墨鏡後來替我擋了不少米蘭刺眼的陽光，每每戴上它，就會想起陰雨綿綿的你，在心理和生理上都達到了令人滿意的遮陽效果，還是謝啦。

●下不停的小雨，若不是很在意，一向明媚的科莫其實多了分詩意。但遊船有點冗長，纜車不能坐，我們在幾家商業化的紀念品店裡進出，很快的就只剩下冰淇淋店有吸引力了。

很埃及的都林：

陰雨天的復活節前夕，我們來到了義大利的汽車之都。到處都是冬季奧運殘留下來的痕跡。沒有預期的，我們發現曾經是義大利首都的你是一個非常令人心曠神怡的城市。街道乾淨寬敞方正，綠意盎然；城區規劃完整，遺跡保存良好，光是隨意散步就很享受，是我目前看過最漂亮的城市了。

我想起高中的時候有一門課要做城市調查，報告的最後我提出了什麼才是理想城市的條件，包括了街道應該要呈棋盤狀，視野才會開闊，還有公園的密度、垃圾處理、山形水文地方特色的，講了一大堆。而眼前的你不就是我所期待的理想城市嗎？直直的街道可以一眼把城市望到底，從火車站出來向前走，迎接的是一個長方形大廣場，稱為城市的會客廳。隨時隨地都不放過綠化，電線杆上都掛了好看的盆栽，連有軌電車上面錯綜複雜的電纜都有一股機能美，路上的車都特別的乾淨哩。

●都林實在是個很低調的城市，明明早在羅馬之前是義大利的首都，市容又那麼的寬敞乾淨，說出來卻沒有幾個人知道都林到底在哪裡。是在德國嗎？還是在俄羅斯？

一切都是義翻英、英又翻中的錯誤，Torino就算音譯也應該是『托利諾』，意譯則是『小牛』。

小牛是這個城市的標誌，處處可見到牠的身影。冬天的時候雪下得最大，夏天的時候風吹得最涼，小牛托利諾，是義大利少數安靜美麗又乏人問津的城市。

BOTTEGA
Fagnola
BUONA GIORNATA
NOSTRA

TAPPETI RARI

BENVENUTI nella CONTRADA
dei GUARDINFANTI

散步散夠了，還是要乖乖的去看看幾項『名產』。你有世界級的埃及博物館，雖然我對埃及文物不是特別有興趣，但裹屍布實在沒意思，而電視塔有點遠。館內有些大型的石像完全沒有保護，雖然不能用閃光燈拍照，卻可以任人摸來摸去。心想這些大概是複製品吧，於是好奇的問了管理員。結果管理員很驕傲的說：『怎麼可能？我們可是世界第二大的埃及博物館，當然是統統從埃及運過來的真跡，可以摸到真跡不是很難得嗎？當然要給大家摸嘍。』聽到這句怎麼能落人後呢？馬上跟人面獅身像擊了個掌，心中對義大利人的隨興程度又往上加了一成。

我拿起了一張積雪街道的明信片，想像你冬天的模樣，白色的覆雪，枯枝老樹加上皇冠形狀的黑色挑高路燈，有那麼點北歐的淒冷和東歐的蕭條，還有你自己那種老首都的成熟和魅力……我偷偷的許下了心願，這一生中一定要有一個耶誕節跟你一起過。

陽光普照的聖雷莫：

我的碩士課程終於結束了，在學校認識交往了也有半年的那個男孩子，回國去之後就沒有回音了。算是一種客氣的分手，還是說其實是一種逃避的分手？帶著一顆破碎的心，我決定要到你家住一個星期。其實這個決定也不是臨時起意的，今年復活節假期本來就有計畫要去走一趟，結果當時遷就於現在這個把我拋棄的男友，什麼旅行計畫都泡湯了。

我訂了一家在小山丘上的旅館，因為它標榜著房間視野極佳。到的那天已經接近晚上，我推開我位於三樓房間的窗戶，穿過山腳下那個小公園夏天的綠意，再過去是幾棵棕櫚樹身後的海。其實我也搞不清楚從你家看過去的那片海，到底要算是利古里亞海還是地中海，因為你跟法國緊鄰，近灘處應該算是利古里亞，可能往南出海去就

我坐在堤防上，聽著海浪的聲音，打了一通電話給朋友。我告訴他們說聖雷莫很可愛，從我住的地方走下山就可以聽見海聲。然後我買了五張明信片，兩張寄給老爸老媽，兩張寄給朋友，一張寄給我自己。內容不外乎是告訴大家我很好，能夠在這裡靜靜的度假，心情已經好了起來。

旅館白天班的櫃台小姐對我很好，每天都會給我兩個蘋果，一個紅色的，一個綠色的，她顯然沒遇到過一個落單的東方女子，在聖雷莫訂了那麼久的房間，還會講義大利文，那讓她對我充滿了好奇。那天我早起趕行程，早餐還沒開始，她從廚房裡拿了牛角麵包和果汁要我一定要吃一點。我一直是很沉默的，但我很想告訴她，她的熱情對那時的我來說有多麼溫暖。而這就是聖雷莫的溫柔，也是我離開義大利之前最後的記憶。

算地中海的海域了吧。原諒我地理一向不是很好，不過還是比我的歷史好上一些。

旅館的人看見我的訂房資料是七個晚上都非常驚訝，因為通常在你家作客的客人都待不過三天，主要是逛逛街、看看海，城市規模實在不大。但他們不知道眼前的這位仁兄我，其實一點旅遊的心情都沒有，只是想找一個有海的地方把自己放逐了，沉澱了，重新開機一下。傍晚的太陽仍然高照，我洗了澡，走下山去隨意逛著。吃過晚飯後也八點了，這時才有那麼一點黃昏的味道。

我坐在堤防上搖晃著我的雙腳，像是小朋友坐在高高的嬰兒餐椅上。八點後，路上的人多了起來，可是你自己卻顯得安靜。海上的那家餐廳發出藍色和橙色的光，把你打上岸的浪花變得奇幻，海風吹向我，我覺得自己被接受了。

寂寞的聖雷莫：

我知道寂寞的是我，可是誰知道你是不是也很寂寞呢？誰知道你和海鷗們說的是不是同一種語言？誰知道你喜不喜歡那些各國來的遊客？想起昨天晚上剛到的時候，你的每一寸土地看起來都好新奇。你沿著海岸長得長長的，我的旅館靠近西邊，當我沿著海岸向東走，會遇到一個三岔路，最右邊的那條通往港口，中間那條往市中心，左邊那條會上坡，上坡之後有很多有趣的小店餐廳，像是被規劃過後的九份。

爬上山。心裡面沒有譜會看到什麼東西。只是順著小路階梯彎彎曲曲的向上，山路兩旁的民宅感覺很像還沒變成觀光區以前的九份。漸漸的看見了舊城牆，原來是一個城堡遺址。向下望去可以把整個聖雷莫的海港和城市一覽無遺。

這幾天的海面很平靜，沒有大浪，只有在海風下扭動的波紋，像是無限大的天藍色絲綢拋向天空，在眾神的呼吸間起伏。我看著水天一色的開闊大地，白色的帆船在上面隨風滑行，眼淚又不爭氣的掉下來。

但今天一早頂著太陽，人卻不知不覺的無聊了起來。我想要去海邊玩水曬太陽，就像我住在西西里的那個月一樣。於是我走進一家連鎖的服飾店，貪著打折季的便宜勉強挑了一套廉價的比基尼。我坐在沙灘邊，穿上有點太大的比基尼，彆扭的在石頭上研究要怎麼坐才不會走光。你的浪打到海灘上變得很髒，除了夾雜的大量泥沙還有多到會把人絆倒的海草。艱難的穿過厚厚的海草屏障，我往水深處走去，今天的浪太大，一波未息一波又起的打得我什麼都看不到，比基尼的肩帶還頻頻掉落。最後狼狽的我爬回岸上，花了一個小時把身上的海草清掉。

一點都不好玩，這是我的結論，沒有朋友在身邊去哪都不好玩。我回到旅館洗了個澡，忿恨的一覺睡到晚飯時間。黃昏的你還是比較溫柔，我散步著找了一家看過去就是海港的餐廳。吃飽之後我便走到港邊，找到了一些賞鯨團的傳單。回家的時候我反方向繞了遠路，找到一家老式可是又改裝過的有趣電影院，正在上映哈利波特五呢，照慣例是統統配成義大利文發音的了吧。不過為了取代自討苦吃的被海草攻擊和被海浪脫衣服，我決定了明天的娛樂活動就是去看哈利波特用義大利文念咒了。

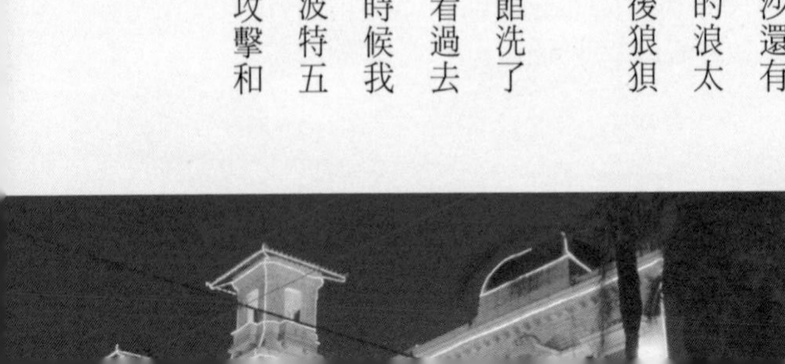

La prossima fermata

夜晚的聖雷莫：

其實我還是很膽小，不想獨自一人在太深的夜裡走動。因為在羅馬的那晚我還真的有點被嚇到了；那天我一個人下羅馬是為了第二天一大早的班機，決定把握個半天好好在羅馬走馬看花一番。結果誰知道羅馬那位老大，晚上八點之後還在行駛的公車就不齊全了，害我等到九點半的時候搭上一班不知道路線的公車，最後因為外面實在太暗看不清楚，便在一個根本不認識的地方下了車。那裡沒有路燈、沒有住家和行人，在黑暗中若隱若現的巨大遺跡讓我覺得自己好像到了郊區。我不怕鬼，只是心裡無可救藥的浮現出遊客在羅馬街頭遇害的各種傳聞，如果那時候發生什麼事是絕對不會有人來救我的。我真的是連滾帶爬的靠著僅能依賴的直覺往前衝，大概跑了半個多小時終於看見旅館的方向。

說這個故事是要告訴你，在早睡的義大利國土上我的確對夜晚沒有太大的信心，如果我一個人旅行都是晚飯過後就會乖乖回家。誰知道在你家的這幾天，我居然會無聊到不停的去電影院把想看的電影都看遍了。下午興匆匆的買了『變形金剛』的票，看了票上時間居然是晚場的。電影看完已經十一點，我揉著倦眼在走出戲院時心裡面譜出的是一個一般義大利城市九點過後的模樣：黑。事實竟不然。近午夜的你居然是燈火通明——逛街購物的、吃晚飯的人潮擠得街上熱熱鬧鬧。晚風好涼，在餐廳的音樂聲後仍聽得到海浪聲。我瞪大了眼睛，不可置信的在回家的路上東張西瞧；咖啡館裡的昏暗黃燈是奶泡口味的，開心的笑彎了眼的路燈是海風口味的，珠寶店裡的白色鹵素燈是貝殼口味的，市營的大賭場在晚上亮起的裝飾燈火更為你加上了一份特大號的鈔票口味。

離逛街區遠了，燈火漸暗，回到旅館的山腳下，百味盡去，剩下冷冷的浪聲和公園裡棕櫚葉下的照明小火光，海邊小吧台上，靜靜喝著飲料的人們身上還帶有太陽留下的氣味。上山的那小段路終於才又把我陷入深深的黑暗中，但臉上仍掛著微笑的我，因為知道下一站的光明就在不遠處而加快腳步。

●聖雷莫的市營大賭場，不是聖雷莫的夜晚唯一亮著的燈火。
海風和歡樂的氣氛妝點著這個面海背山的邊境小城，直到半夜十二點之後才會漸漸安靜。

鯨豚出沒的聖雷莫：

今天我在港邊買了船票，就隨著賞鯨船戴安娜二號搖搖晃晃的出航了。中等大小的船上人也還不少，一夥兒一夥兒的，不是情侶，就是家人，或者更熱鬧，情侶家人爺爺奶奶統統都來了。我爬上船頂找了個靠邊的位置，眼睛自討苦吃的搜尋了一圈，只有我是落單的。

地中海今天的顏色是讓人暑氣全消的水藍色，陽光打在水波上此起彼落、閃閃亮亮的像是星星。瞇起眼睛，告訴自己要擺脫自怨自艾的心情，今天鯨魚海豚會統統跳出水面讓我看個夠，因為我需要被安慰。

我抱著自己的背包緊緊縮著，眼睛死盯著海面。兩個小時過去了，船從聖雷莫向南行，回頭望去已經可以看到整個義大利西半部和法國南部的海岸線，我們開始

進入預定的海域，然而風平浪靜，所有的海中生物都沉在深深海底，享受全地球最大的活動空間。就在這時候我看見了一個怪東西，倏的蹦出海面，展開長長的鰭像是巨大的史前蜻蜓，在海面上飛行。牠飛得太久，以至於我開始打消牠是一隻飛魚的念頭時，牠又撲通的鑽進海裡了。是一隻飛魚，好運的開始。

船又無聲無息的航行了一個小時，當大家都東倒西歪失去耐心的時候，忽然鈴聲大作，所有人像殭屍一樣的從座位上迅速彈起，船長報告終於在三點鐘方向發現一群海豚。大家一股腦的衝向船的右舷，差一點就要把整艘船給翻了過去。頭長長的戴安娜二號開始瘋狂加速，朝著海豚群的方位疾速打轉，海面上畫出了一個大大的白色泡沫圓圈，小朋友在船頭吐得一場糊塗。海豚

們若隱若現，我們追逐了半個小時，最後終於不見蹤影。

哎呀，船長說，運氣不好，我們遇到的是一群有寶寶在的海豚群，是不會靠近人類的。回航吧，再追下去就要超過預計的六個半小時了。大家顛顛簸簸的各就各位，做日光浴的，打瞌睡的，卿卿我我的，追著小孩跑的，還有像我一樣發呆的。晃著晃著頭也暈了，閉起眼睛，下午的陽光燙燙辣辣，我的兩條手臂正在以眼睛都看得出來的驚人速度愈來愈黑。

海岸線漸漸清楚，這時船上的搖鈴又興奮的尖叫起來。果然比起床號還靈，大家又精神奕奕的飛蹦站起。是另一群海豚，船長用『這次一定要逮到牠們』的毅力再次全速追上。海豚們蹦蹦跳跳的一再游開，最後分成了兩群。一群徹底的消失了，另一群是三隻年輕的海豚，牠們毫不客氣的朝戴安娜二號衝了過來。船又回到航線上，三隻海豚緊靠在船的左下方像是在和我們競速，在大家都把自己掛在船的左緣上大聲歡呼的時候，那三個傢伙好像懂了，牠們在船邊加速，打滾、飛跳、噴水，使出渾身解數好像在跟大家打招呼。我笑了，跟大家一樣，不住的笑出聲。淺藍色的海面上三隻海豚劃出悠長的速度線，大家嘴巴開開的望著牠們近在眼前，滑溜溜亮晶晶的藍灰色背部，像是看到了美人粉嫩性感的香肩，垂涎欲滴。

三隻海豚和大家玩了起碼有五分鐘之久，然後大功告成的離開了。這下大家都滿意了嗎？船長問。滿意滿意，大家拚命點頭，合不攏嘴。可以回家了吧？可以可以，還剩下快兩個小時的航程，但大家都心滿意足了。這下突然想起剛才怎麼都沒有拍照呢？哎呀，其實只是一個簡單的念頭，怕拿出相機的時間，和盯著液晶螢幕的時間佔用了我生命中最感動的那一刻。親愛的聖雷莫，在我第一次感到那麼深刻的寂寞和想家的時候，是你讓我看見了大自然的笑容，很頑皮的、很輕快的、很灑脫的，銀鈴般的笑聲感染了整片海域，有家人的沒家人的，有愛人的沒愛人的，因為有其他生命的存在，全都不孤單。那笑不是自願的，是被牽動的，是無法自拔的，興奮或是感動都不足以形容；是記憶，是人類在遠離自然、在紅塵煙硝裡打滾得忘我的時候，被某個畫面打醒了，想起生命深處單純完美的喜悅，是近乎宗教性的、沒有負擔的喜悅。

VG.1274

La prossima fermata

公主的聖雷莫：

這是我和你在一起的最後一夜。這八天之中，我呈現半個靈魂出竅的狀態，遊走在大街小巷中。手上的地圖其實沒起多大的作用，晃著晃著，有時穿過陰暗的、拱門下的山中小路，經過了舊時城牆前的流水，走上山城的制高點，向下望去可以看見你的整個海灣。有時就臥倒在山上小公園裡的椅子上，感覺微風涼涼的，閉上眼睛又昏睡過去。熱浪正侵襲整個義大利，可是躲在西北海岸的你用大大的海洋腹地和深深的山城，為這裡的住民遊客造就了溫暖不燥熱的美麗國度，讓我想起自己居住的島國，那道化解颱風的中央山脈，和調節氣候的四面環海。自然環境形成的屏障究竟還是一個生物最大的安慰，總覺得大地之母是有在照顧我們的，應該更謙卑才是。

就是這種母親的感覺，讓我這個遍體鱗傷的遊子在無家可歸時，得到一點點的療傷，常常在你的懷裡淚眼矇朧的睡去，像是一個哭累了的嬰兒。在這最後一晚，哥倫布廣場要舉行戶外演唱會。不太清楚是幾點開始，只是看見人潮逐漸聚集了就也跟著等。我坐在冰淇淋店外面的長椅上，城市的結構從這個置中的廣場四面八方的放射出去，環顧四周，掛了小旗子裝飾的石板街道，彷彿真的置身在城堡中。

不知怎的，拿出筆記本突然寫下了『公主法則』四個字，我空白又混亂的腦袋裡出現了一個奇怪的思維：一個有公主氣質的女孩應該是什麼樣子呢？我繼續寫道——

『公主尊重人但更自重，她懂得在不委屈自己的原則下傾聽別人的需要。
公主不製造讓自己陷入窘境的機會，她知道如何讓自己保持最佳狀態。
公主不攻擊別人，因為她知道自己是非常安全的。
公主懂得自省，因為她知道自己永遠可以做得更好。
公主深信人生而平等，因此她的高貴是自己爭取來的。
公主獨立而合群，快樂而慈悲，潔身而愛人，謙卑而自信，勇敢而內斂。

公主信任別人但不盲目，優雅但不造作，自律但不拘謹，直率但不粗魯。』

一個女孩子如果以這些準則來自我要求，最終就會成為一個有公主氣質的人吧。

我從來就沒有把自己當作公主來看待，此時的我在被失敗的愛情撕碎後丟進谷底，像是一個拚命付出還得不到相對報酬的女僕，孑然一身的流浪到一個巨大古堡，突然下定決心從今之後要為自己而活，要活出一個值得被尊重的人格。親愛的聖雷莫，你的鼓舞我收到了，我將帶著你的家訓好好的愛惜自己，並且記住你是第一個讓我想要成為公主的城堡。

mo più!

●窄路間的拱門是聖雷莫市容特色之一，就算是鑽進了半山腰的偏僻人家間，還是會看得到。

應該是城堡遺留下來的結構，一個低調又充滿貴族氣息的地方。

我在一個家庭式的小飯館裡點了一客牛排和海鮮沙拉，價格合理，裝盤不美觀，但依然是美味無比。

終於我相信了自己應該要得到所有最美好的事物，也要為此努力去爭取。

因為每個人，都有自己高貴的地方；就算在殘破老舊中，還是會看到身為一個貴族的痕跡。

熱浪來襲的米蘭：

我從聖雷莫回來了。一出火車就是一股熱風，在永遠很擁擠的中央車站裡堆積。好像是在呼吸眾人吐出的氣息，我嘆氣般的抽送著黏滯的空氣。為了念書在這裡停留的期間，養成了對你食之無味棄之可惜的態度，拖著行李走向旅館，高溫在汽車的廢氣裡製造了火焰似的波紋，晃動著末日般的舞蹈，令人暈眩得想嘔吐。我努力的眨眨眼睛，以免汗水山泉般瀉下時，看到海市蜃樓。為什麼總是這麼狼狽，無聊卻不優閒，悲傷卻不憂鬱；似笑非笑，欲哭無淚。

窩進僅有轉身空間的小房間，雖小但乾淨。拿出少少的行李，和一隻一路上陪伴我的玩偶獅子。獅子名叫阿多比，沒有什麼特別的原因，只是想為牠取一個所有設計

●足球、足球，還是足球。義大利人的生命裡有一種東西比上帝還重要，那就是足球。
有人問足球員，女人和足球比較起來，哪個比較重要？有個傢伙苦惱的想了想，
最後回答說：在踢足球的時候足球重要，不踢足球的時候女人重要。
霎時之間，在場所有的男人都點頭如搗蒜。唉。

promod
M

就算流行過禽流感，義大利人還是不怕鴿子。也許也是不知道該從何怕起，因為鴿子實在太多了。
只要是被叫作『廣場』的地方，鴿子都是成千上萬的，展翅齊飛的時候，幾乎就要不見天日。
討厭鴿子的人説鴿子是長了翅膀的老鼠，不但髒，而且還會飛，簡直是夢魘。
我對義大利的鴿子沒什麼好感，因為牠們總是囂張的飛得很低，一副路霸的模樣。
但我還是比較怕牠們飛得高高的時候，不時的會疾速滴落鴿屎鴿尿，
在整個三維空間裡都得小心牠們的存在，真的是一件感覺很差的事情。

師都牽掛又熟悉的名字——Adobe，希望牠比我受歡迎。我有在寂寞的時候買玩偶給自己的習慣，好像有一個毛茸茸的東西在身邊心就會比較溫暖似的；好像只要對方有眼睛耳朵就可以聽見我說話似的。阿多比的肚子大大軟軟很好摸，一頭黃棕色的細密亂毛，兩隻小小的豆眼使牠看起來很沉默。我洗過澡，和阿多比一起躺在床上看著牆上的小電視，新聞正在報導這波熱浪的慘況，一天之內熱死四個人，連海水都燒開了，救生人員怕遊客熱死而不是溺死，不停的提來一桶桶的冰塊撒進海裡——好個沒有意義只是瞎忙的義大利作風。

我想要一直昏睡到要搭飛機的那天，只是下午清潔人員要來打掃，一定要出門一下。出門前我把阿多比丟在行李箱上面，以免被褥不好整理。漫無目的的又回到以前離公寓很近的那家中國餐館，叫一盤炒白菜，然後再去超市買幾罐水。回到旅館，房間打掃好了，清潔人員把阿多比從行李箱上面撿起來放在鋪好的床上，端正的坐著，好像知道牠對這位房客有多重要。義大利人的心靈真的很童稚，童稚得討人厭，卻也很可愛。我睡了，夢裡我不願去想起的人用他那原形畢露的殘酷姿態出現。眼淚本來是很壓抑的慢慢滑落，後來演變成嚎啕大哭，浸濕了白色的乾淨枕頭，雙手緊握張口無聲，在熱浪來襲的夜晚我全身冰冷的驚醒。

過站不停的米蘭：

你有一招絕技可以讓所有初到米蘭的人都驚呼大叫新奇，那就是倒車。這倒車可不是普通的絕，因為你倒的是地鐵裡的電車。我不想稱那是捷運，在我住的地方，捷運可是又涼又舒適乾淨的列車，你們家這種又髒又沒冷氣的只能叫地鐵。你的地鐵除了因為到站時沒停到定點位置而必須倒回來之外，有時還會因為開錯線而倒車重來，或是臨時調度，就突然往反方向開去了。可想而知這地鐵的機動程度簡直跟小客車沒兩樣，不能算是世界奇觀，也能算是地方特色了。

●米蘭的街道可以很都市，也可以很托斯卡尼。直到我開始常常漫無目的的去壓馬路後才發現。其實義大利的每個城市，在離開市中心之後，才會看見真正美麗開闊的景色，那是屬於當地居民的義大利，而不是遊客的義大利。

不過我有個可以跟你不分軒輊的必殺技，那就是過站不停。朋友說我內建自動迷航系統，好好的一條直路，只要跟在我身後不知怎的就會變成彎彎曲曲的岔路，總要比預定路線大繞一圈才能到達。這種行為始終是個謎，好像潛意識裡不甘願走大家走的路，偏要鑽巷子繞遠路，但不管怎麼樣我都不會真的迷失，胡亂的走過大街小巷後總是會和目的地不期而遇。我其實每次只要轉身就可以看見目標，但卻要擦身而過，多花了幾倍氣力來尋找。

高中的時候我覺得念書不能滿足我對人生的期許，休學的念頭鬧得家人和學校心神不寧之後，我又發現我想要念大學；大學念完後我想要出國發展，一切結束後才覺得想回家。最後我和所有無怨無悔的在體制內一路直線成長，然後找個工作安定下來的人，結局好像沒有不同；而我卻要在人生路上繞了許許多多的遠路，弄得灰頭土臉又遍體鱗傷才高興。我不愛看地圖，就在要碰壁之後才想到該轉彎，但沿途中我發現了什麼，只有我自己知道。

你從不趕路，做事吞吞吐吐，進三步退兩步；我從不信仰捷徑，甘願過站不停，享受迷路。看吧，我們還是有共通點的。不過現在我又要起程了，過站不停的另一個精神就是從不在同一個地方停留太久，我知道我回家後，將來還是會再次遠行，也許我們還會再相遇。要想念我，因為我已在你身上留下了許多秘密的軌跡，尤其是在那些沒有人到過的地方。

●在義大利的巷弄間迷失很容易，不像紐約，道路不但呈水平垂直方向，還用編號取名字。這裡的路名很隨興，許多街道都用城市和聖人來命名。最常見的就是都林街、巴勒摩街，而幾乎每個城市一定都有一條羅馬街。米蘭還有一系列的街用日期來取名；像是什麼三月五號街、五月十五號街之類的。大概是不知道要取什麼名，就用建造完成的日期吧。有的路更沒誠意，只是很大條就叫作『大街街』。米蘭市中心往南有一條街叫作義大利大街，在那個空閒的傍晚，本來計畫要去踏上一踏，但偏偏室友說水電工人要來。在義大利等水電工人是一件很弔詭的事，因為水電工人很大，他跟你約好了卻不一定要信守承諾。這位很大的水電工人，已經讓我空等很多次了。忍不住打了電話，水電工人這次很有信心的說，他六點就會到。於是在六點之前，我走了一遍義大利大街。

〈最後〉

親愛的義大利：

在你家作客快兩年，我從滿懷欣喜到變得抱怨連連。曾經覺得隨興的現在只覺得散慢；瘋狂的只覺得是放縱；熱情的只覺得是愛管閒事。我認為我已經把你看透，覺得你除了祖先留下的偉大遺產之外，你簡直就是一無是處。不知怎麼的我再也無法看見你的可愛，只認為你也是充滿敵意的一心想趕我走。你曾經讓我心神蕩漾的美麗我已經視為理所當然，你自由的空氣只讓我想打噴嚏。

今天晚上我只帶了月票和鑰匙就坐車到朋友位於郊區的家。說好我會搭上十二點的地鐵回家，因為明天我們還有一個重要的發表會。問題是他家已經超出月票可以乘坐的範圍，我得另外買票。不巧收紙鈔的售票機壞了。機器故障在你家是正常的事，但不能是今天。我忘記帶錢包，他沒有零錢，向車站內唯一的管理員求助，他只是兩手一攤，叫我自己想辦法，然後就講他的電話去了。該死的義大利，你的不按牌理出牌有的時候真是會要人命。我走向車站外的一群年輕人，詢問他們有沒有零錢可以和我換。沒有人。但是他們建議我直接闖關。我都已經向管理員承認沒車票了怎麼可能闖關？但年輕人很有默契的一笑，領我到閘門前說，沒關係，就過去吧。那一刻我相信管理員看到了，可是他只是轉身繼續講電話假裝沒事。

我縮進月台冰冷的石凳裡，真希望可以消失。午夜後的列車最容易被查票，我身無分文，萬一被查票了我連罰款都付不出來，只有被趕出車廂露宿街頭的分。這時候我只能仰賴你的慵懶了，希望你在星期三的深夜裡只想安安穩穩的睡覺，不想找外國人的碴。車二十分鐘後才到，我一股腦的鑽進車廂，對面坐了一個下班回家的站長。我閉上眼睛，試著去回想你的好。你雖然總是一團混亂可是混亂中卻有你的應對邏輯，就像那個講電話的管理員一樣。

我毫無任何麻煩的回到我的小窩了，然後我想起了剛到你家的時候，我是那麼毫無保留的享受你的感情用事、你的情緒化，還有你狂野卻溫柔的一面。我就要離開你了親愛的義大利，而我決定要告訴大家你是一個美麗的國度，只要有一顆開放包容的心，就可以讓你的燦爛表露無遺。

國家圖書館出版品預行編目資料

給義大利的分手信 / 李亞 著.
--初版.--臺北市：皇冠文化. 2008.11
面；公分（皇冠叢書；第3800種）
（李亞作品；1）
ISBN 978-957-33-2488-1 （平裝）
1.遊記 2.旅遊文學 3.義大利

745.9　　97020493

皇冠叢書第3800種
李亞作品 1
給義大利的分手信
作　　者—李亞
發 行 人—平雲
出版發行—皇冠文化出版有限公司
台北市敦化北路120巷50號
電話◎02-2716-8888
郵撥帳號◎15261516號
皇冠出版社(香港)有限公司
香港駱克道93-107號利臨大廈1樓
電話◎2529-1778　傳真◎2527-0904
出版統籌—盧春旭
責任編輯—金文蕙
美術設計—李家宜
行銷企劃—李育慧
印　　務—林莉莉
校　　對—鮑秀珍・陳秀雲・金文蕙
著作完成日期—2008年9月
初版一刷日期—2008年11月

法律顧問—王惠光律師

讀者服務傳真專線◎02-27150507
電腦編號◎521001
ISBN◎978-957-33-2488-1
Printed in Taiwan
本書定價◎新台幣250元/港幣83元